Helmut Engel

ER KOMMT

Die Zukunft
der Menschheit
aus biblischer Sicht

Alle Rechte beim Verfasser © 2024

Alle Fotos und Bilder: Helmut Engel

INHALTSVERZEICHNIS

Die Historizität Jesu 5
Die Schöpfung 12
Wissenschaft und Bibel 18
Das biologische Leben 23
Denkmuster und ihre Erscheinungsformen 26
   Ideologien 26
   Philosophie 27
   Humanismus 28
   Religion 30
   Judentum 32
   Christentum 37
   Islam 43

Das Evangelium 49
Die Katastrophe und der Ausweg 53
Der Heilsplan Gottes 57
Das Gesetz 69
Bilder unserer Gesellschaft 74
   Homosexualität und Gender 83
   Rauschmittel 88
   Mittel zum Töten 91
   Illegale Wirtschaftszweige 94
   Der Massentourismus 97

Die Natur, unsere Umwelt 101

Die Coronapandemie 116

Die Rettung 123

Der Sohn Gottes 127
Jesus im Alten Testament 127
Jesu Kommen auf die Erde 134
Jesu sieben „Ich-bin" Worte 141
Er trug die Strafe an unserer Statt 145
Jesus befreit und verändert 146
Jesus, der Messias 153
Jesus kündigt sein Leiden an 155
Jesu Endzeitrede 157

Die Himmelfahrt 168

Pfingsten 173

Wann kommt Jesus wieder 177

Eine neue Gemeinsamkeit 179

Eine neue Welt-Unordnung 186

Krieg 193
Der Ukrainekrieg 194
Der Krieg in Gaza 199

Weitere Zeichen der Zeit im Heute 205

Die Entrückung 209

Der Antichrist 214

Jesus ist Sieger 219

Das Gericht 224

Die Historizität Jesu

Jesus Christus hat seinen Jüngern, d.h. allen Menschen, die an ihn glauben, versprochen, einst wiederzukommen. Wie ist das zu verstehen? Wann wird das sein und wie kann es zugehen?
Dieser Jesus ist, ganz zweifelsfrei, die faszinierendste Persönlichkeit, die jemals auf Erden gelebt hat.
Über seine Person, sein Wirken, seine Zusagen und Prophetien gibt uns die Bibel hinreichend Aufschluss, doch wird heute vieles daraus in Zweifel gezogen, sogar seine Existenz selbst. Deshalb wollen wir gleich zu Beginn prüfen, ob es auch außerbiblische Schriften gibt, die ihn bezeugen. Von jeher sind wichtige Ereignisse in der Geschichte der Menschheit festgehalten worden, oft zuerst mündlich überliefert, aber dann, sobald die Möglichkeit dazu bestand, schriftlich dokumentiert.

Die damaligen Historiker waren meistens Regierungsbeamte, welche die Ereignisse ihrer Zeit zu Gunsten ihrer Herren darstellten. Das waren besonders Erfolge gegen unliebsame politische Einflüsse sowie glorreiche Darstellungen siegreicher Konfliktlösungen und natürlich von Kriegen.
Publius Cornelius Tacitus (55-117 n. Chr.), der Kanzleichef Hadrians (14. röm. Kaiser), zeigte bei seinen Aufzeichnungen wenig Interesse z.B. an den jüdischen Herrschern und ihren Kriegen, noch weniger an einem

Wanderprediger, der seinem kleinen Volk eine neue Lehre brachte. Was hatte das für eine Bedeutung in diesem riesigen römischen Imperium? Er schreibt aber über die Regierung Neros, dass dieser den verhassten „Christianern" die Schuld an der Feuersbrunst in Rom gab und sie deshalb mit den „ausgesuchtesten" Strafen belegte. Und weiter: „Derjenige, von dem dieser Name ausgegangen, Christus, war unter des Tiberius Führung von Pontius Pilatus hingerichtet worden, doch dann brach der unterdrückte Aberglaube wieder aus. Nicht nur in Judäa, dem Vaterland des Unwesens, sondern auch in der Hauptstadt (Rom), wo von allen Seiten alle Abscheulichkeiten zusammenfinden."
Tacitus war, wie damals wohl jeder Römer, kein Freund der Christen, doch sind seine Aussagen über einen Anführer namens Christus und seiner Hinrichtung bemerkenswert und eindeutig. Er berichtete auch über die Zerstörung des Jerusalemer Tempels im Jahr 70 n.Ch.

Gaius Suetonius Tranquillus (69-122 n. Chr.), war ein römischer Schriftsteller und Verwaltungsbeamter. Er schrieb die so genannten Kaiserviten über das Leben von 12 römischen Herrschern, von Caesar bis Domitian. Dabei erwähnt er den Namen Jesus und seine Hinrichtung unter Pontius Pilatus und beurteilt den Einfluss der Christen als verderblich. Von Kaiser Claudius berichtet er, dass dieser die Juden aus Rom vertrieb, da sie fortwährend Unruhe stifteten. Es ist davon auszugehen, dass es damals schon eine Christengemeinde in Rom gab. Ihnen wurde die Schuld an Unruhen angelastet, obwohl diese von den Gegnern ausgingen, welche die Christen mit ihrer neuen Lehre hassten und sie deshalb anprangerten.

Lukas, ein jüdisch-griechischer Arzt und ein nicht unbedeutender Geschichtsschreiber, verfasste das Lukasevangelium und die Apostelgeschichte der Bibel. Er berichtet in Apg. 18, dass Paulus mit einem jüdischen Ehepaar, Aquila und Priscilla, in Korinth zusammengetroffen war. Sie waren aus Rom gekommen, weil Claudius befohlen hatte, dass alle Juden Rom verlassen sollten.

Flavius Josephus (37-100 n. Chr.) war Jude, ein Pharisäer, der im jüdischen Krieg, 67 n.Chr., gefangen wurde und sich hinfort als Geschichtsschreiber betätigte. In seinen Aufzeichnungen hält er Folgendes fest: „Um diese Zeit lebte unter den Juden ein weiser Mensch, wenn man ihn überhaupt so bezeichnen kann. Er war der Vollbringer ganz unglaublicher Taten und lehrte alle Menschen, die gerne die Wahrheit hören wollten und aufnahmen. Er zog Juden und auch Heiden an sich. Pilatus verurteilte ihn auf Betreiben der Vornehmsten des jüdischen Volkes zum Kreuzestod. Doch seinen Anhängern erschien er am dritten Tag danach wieder lebend, wie die alten Propheten dies vorher verkündigt hatten."

Auch von einem Syrer namens Mara Bar-Serapion wird berichtet, dass er die Kreuzigung „des weisen Königs der Juden" festhielt und auch die Zerstörung Jerusalems kurz darauf. Er schreibt weiter: „Der weise König ist nicht tot, er lebt in der Lehre fort, die er brachte."

Diese Beispiele - und es gibt noch weitere - sind unbedingt zu beachten, denn sie wurden von unabhängiger Seite verfasst. Außer Lukas hatten die Autoren kein Interesse an der Lehre, die Jesus brachte. Im Gegenteil, die beiden römischen Historiker äußerten sich ziemlich ablehnend darüber, was der damaligen politischen Ansicht entspricht. Aber sie geben uns ein wichtiges historisches Indiz bezüglich der Person Jesu Christi und seiner Anhänger, deshalb dürfen wir sicher davon ausgehen, alles Weitere auf eine wahrhaftige Grundlage zu stellen. Dabei ist es unerlässlich die Bibel zu Rate zu ziehen.

Sie wird das Buch der Bücher genannt. Das deshalb, weil sie in ihrer dichterischen Einzigartigkeit und Güte alle anderen Bücher der Welt überragt, aber auch deshalb, weil sie sich aus einer Vielzahl von Büchern (ursprünglich Schriftrollen) zusammensetzt. Zudem ist es keinem anderen Buch jemals gelungen, die Auflagenzahl der Bibel nur annähernd zu erreichen.
Das Alte Testament (AT) wurde Ende des 3. Jhdt. v. Chr., in Alexandrien, von 70 Gelehrten, aus dem

Hebräischen und Aramäischen ins Griechische übersetzt. Ende des 4. Jhdts. nach Chr. wurde es zusammen mit dem Neuen Testament (NT) kanonisiert, d.h. als Maßstab des christlichen Glaubens anerkannt und festgelegt. Demzufolge umfasst die Bibel 39 Bücher aus dem AT und 27 aus dem NT. Zusammen 66 Bücher mit 1.189 Kapiteln und 31.150 Versen, die von 45 verschiedenen Autoren, über einem Zeitraum von ca. 1.500 Jahren, geschrieben wurden.

In der Zeit der Reformation übersetzte Martin Luther das NT ins Deutsche und 1534 erschien seine vollständige Bibel in der deutschen Sprache. Luther zog bei seinen Übersetzungen auch die hebräischen, griechischen und teils auch aramäischen Grundtexte heran.
1539 kam die erste autorisierte englische Bibel von Miles Coverdale heraus und 1611 erschien die King James Bibel.
Durch diese Übersetzungen wurde die Bibel dem Volk zugänglich gemacht. Der Umgang mit Wort und Schrift wurde gefördert und in weiterer Folge der Weg zu allgemeiner Bildung, ja sogar zu den Universitäten, eröffnet.
Dieses einzigartige Buch wurde seit Jesu Zeiten, bis dato, in 743 Sprachen übersetzt. Das NT wurde in weitere 1.682 Sprachen übersetzt und einzelne biblische Schriften gibt es zusätzlich in 1.261 Sprachen, dazu Gebärdensprachen, Hörbibeln und Ausgaben

in Braille-Schrift. Heute werden bereits über 51% aller Sprachen weltweit mit dem Evangelium erreicht. (Stand 2024, Österr. Bibelgesellschaft.) Die Zahlen gehen sehr rasch nach oben, schätzungsweise haben heute mehr als 6 Mrd. Menschen Zugang zu biblischen Texten in ihrer Muttersprache.

Wenn man bedenkt, dass die Bibel mit ihrer einzigartigen Lehre, ebenso wie diejenigen Menschen, die ihr Leben danach ausrichten, seit Anbeginn verfolgt wurden und werden wie nichts und niemand sonst, ist das nichts anderes als ein Wunder.
Jesus sprach davon, dass die „Pforten der Hölle sie nicht überwinden werden". Die Verbreitung des Evangeliums geht in zunehmendem Tempo weltweit voran. Nichts kann seinen Siegeszug, trotz massiver Verfolgung, aufhalten.
Und wenn die Botschaft Jesu Christi in der ganzen Welt gepredigt wird und auch sein Volk (die Juden) ihn als seinen Messias erkennen, Buße tun und nach ihm rufen wird, dann wird er wiederkommen.

Wenn wir uns auf die Spuren Jesu begeben, müssen wir bei der Schöpfungsgeschichte (Genesis), im 1. Buch Mose, des Alten Testaments, beginnen.
An dieser Stelle darf ich alle Leser und selbstverständlich auch alle Leserinnen dazu einladen, die angegebenen Bibelabschnitte mitzulesen. Das gibt besseren Aufschluss und verschafft Beziehung zum

Text. Dabei ist es unerheblich, welche Übersetzung verwendet wird, denn der Sinn der biblischen Aussagen stimmt weitgehend überein, wenn auch der Text unterschiedlich formuliert ist.

Ich zitiere hauptsächlich aus der Neuen Genfer Übersetzung (NGÜ), aus der Schlachter-Studien-Bibel und ggf. aus der Luther Bibel.

Die Schöpfung

Die Bibel sagt kurz und prägnant dazu: „Im Anfang schuf Gott Himmel und Erde" (1. Mose, 1, 1).
Sie stellt uns schon im allerersten Vers Gott als Schöpfer des Universums vor. Dabei ist es höchst bemerkenswert, dass im Hebräischen, wie der Pentateuch geschrieben wurde, Gott (Elohim) im Plural steht. Wir haben damit einen ersten Hinweis auf die Trinität Gottes, als Vater, Sohn und Heiliger Geist.
Die Bibel beschreibt nicht *wie* sich alles zugetragen hat und *wie* alles entstanden ist, sie beschreibt schlicht und einfach, *dass* alles was ist, von dem einen Schöpfergott, durch sein Wort erschaffen wurde und dass es sehr gut war. Das ist für uns entscheidend. Wir werden hineingeführt in die Realität, dass ER existiert und zwar als der Ewige. Er war vor allem Anfang da und wird in alle Ewigkeit sein. Begreifen können wir IHN als eine Person des Geistes genauso wenig wie sein souveränes Handeln.

Galileo Galilei (1564-1642) war an einer Reform der Weltsicht der Kirche gelegen. Er wollte diese vor einem Irrtum bewahren und vertrat das kopernikanische Weltbild eines heliozentrischen Systems, im Gegensatz zum Weltbild des Claudius Ptolemäus, welches die Erde als Scheibe und Mittelpunkt der Welt sah. Galilei hingegen erkannte, wie schon Kopernikus (1473-1543) vor ihm, dass die Erde eine „Kugel", ein

Planet ist, der sich um die Sonne dreht, die im Mittelpunkt steht. Diese Erkenntnis war für die damalige Wissenschaft eine Revolution und wurde von der Kirche bekämpft, obwohl zu damaliger Zeit die „neue Welt" durch Christoph Kolumbus (1451-1506) bereits entdeckt war, hielt man immer noch am alten Verständnis des Weltbildes fest.

Kolumbus wollte für den Seeweg nach Indien eine bessere Variante finden, um dem gefährlichen Weg über das afrikanische Südkap irgendwie auszuweichen. In der Hoffnung auf Bestätigung seiner Annahme, dass die Erde eine Kugel sei, segelte er nach Westen, um quasi von der anderen Seite her Indien zu erreichen. Er wusste nicht, dass ein riesiger unbekannter Kontinent, nämlich Amerika, dazwischen liegt. Als er mit seinen Leuten auf Land stieß, dachte er, er wäre schon in Indien bzw. India und nannte die angetroffenen Einwohner Indianer.

Auch hatte man damals keine Ahnung davon, dass unser Sonnensystem am Rande einer Galaxie (unsere Milchstraße) liegt, in der es weitere 300 Mrd. Sonnensysteme gibt, die sich in einem unvorstellbar großen Universum, mit rund 200 Mrd. Galaxien befinden, das sich unaufhörlich ausdehnt. Diese Erkenntnis beruht auf einem Forschungsergebnis mit dem Hubble-Weltraumteleskop aus dem Jahr 2020.

Heute wissen wir auch, dass sich die Erde, deren Achse unter einem Winkel von 23,27 Grad zur Ekliptik (eine Ebene, in der die Sonne und alle Planeten liegen), mit einer Geschwindigkeit von 1.670 km/h um ihre eigene Achse dreht und zudem mit 107.000 Stundenkilometern die Sonne umkreist. Für 1 Umlauf benötigt sie dazu 1 Jahr, dabei neigt sie sich einmal zur Sonne hin und dann wieder von der Sonne weg, in umgekehrter Reihenfolge der Nordhalbkugel zur Südhalbkugel. Dadurch ergeben sich die Jahreszeiten. Der Abstand der Erde zur Sonne ändert sich im Laufe eines Jahres. Er beträgt im Jänner (Perihel) 147,10 Millionen km und im Juli (Aphel) 152,10 Millionen km.

Unser ganzes Sonnensystem mit den Planeten dreht sich dabei fortwährend mit ca. 220 km/Sekunde. Vom Zentrum unserer Galaxie befinden wir uns rund 25.000 Lichtjahre entfernt. (1 Lichtjahr = ca. 9,5 Billionen km). Unsere Sonne braucht für einen einzigen Umlauf ungefähr 240 Millionen Jahre.

Der Mond (ein Satellit oder Trabant) befindet sich 384.400 km von der Erde entfernt, in einem Zweikörpersystem mit ihr, auf gemeinsamer Umlaufbahn. Beide drehen sich um einen gemeinsamen Schwerpunkt. Die Erde hat 81-mal mehr Masse und einen 4-mal größeren Durchmesser als der Mond. Ihr gemeinsamer Schwerpunkt liegt ca. 1.700 km unter der Erdoberfläche, 4.700 km vom Erdmittelpunkt entfernt. Durch die Masse des Mondes, der wie an einem unsichtbaren Seil an der Erde hängt und sich mit ihr mitdreht, erfährt die Erde eine kleine Abweichung von ihrer Bahn um die Sonne. Andererseits stabilisiert der Mond die Lage der Erdachse und damit generell das

Klima unseres Planeten. Der Mond beeinflusst auch die Meere und löst die Gezeiten aus.

Zu unserem Sonnensystem gehören, neben der Erde, auch noch andere Planeten: Merkur, Venus, Mars, Jupiter, Saturn, Uranus und Neptun. Pluto wurde als „Zwergplanet" eingestuft und zählt nicht mehr dazu. All diesen Planeten hat man heidnische Götternamen verpasst.

Sie kreisen auch um unsere Sonne, und zwar in ellipsenförmiger Bahn. Einige haben Monde, die ihrerseits um sie kreisen. Unser Sonnensystem und unsere ganze Milchstraße (Galaxie) ist ein gewaltiges kosmisches Karussell, von denen es abertausend Millionen gibt.

Dieses unglaubliche Geschehen ist wissenschaftliche Erkenntnis, alles ist rechnerisch nachweisbar, also Realität. Es läuft im Universum genauso ab, doch wir merken davon nichts, außer dass wir Sonne, Mond und Sterne sehen. Verstehen kann ich das alles nicht. Dieses Geschehen übersteigt mein Denken. Wer steht dahinter? Ist alles Zufall?

„Wissenschaft und Glaube sind keine Gegensätze, sondern sie ergänzen und bedingen einander." (Max Planck, 1858-1947, Nobelpreisträger für Physik).

„Durch Glauben erkennen wir, dass die Welt durch Gottes Wort erschaffen wurde, sodass alles was man sieht, aus Nichtwahrnehmbarem entstanden ist" (Hebr. 11, 3). Also aus dem Nichts.

Manche Wissenschaftler sind allerdings der Ansicht, dass alles was ist, ganz von selber, aus Materie entstanden sei - aus „komplexer Materie" plus Energie. Man nennt dies die Evolutionstheorie.

Alles ist irgendwann aus Zufall, durch einen Urknall entstanden und hat sich dann, eben durch Evolution (Entwicklung), Mutation (Veränderung) und Selektion (Auslese) vervollständigt. Es wird behauptet, das Leben sei wesenlos, ohne Schöpfer, ohne Willen, ohne Plan, ohne Ziel und darum leider auch ohne Sinn. Wäre das nicht unendlich trostlos?

Der Begriff Schöpfer oder Schöpfergott wird mit „die Evolution" umschrieben, denn einen Gott darf es nicht geben. Diese Theorie wird heute an den meisten Schulen und Universitäten gelehrt. Doch ihr Erklärungsnotstand über wichtige Fragen ist eklatant. Sie hat keine Antwort darauf woher unser Geist, die Seele, unser Bewusstsein bzw. Unterbewusstsein oder auch die Tugenden wie Liebe, Freude, Sanftmut, Geduld, Treue etc. kommen, aber auch nicht woher das Böse kommt.

Hier möchte ich anmerken, dass auch Wellen und Strahlen, die uns ständig umgeben, von Gott erschaffen wurden. Sie sind einfach da. Z.B der elektrische Strom, den wir selbstverständlich und oft bedenkenlos verwenden (er kommt ja aus der Steckdose).

Ähnlich ist es mit den Radiowellen, Röntgen- und Laserstrahlen, die der Mensch nützt, ohne zu wissen woher und was sie eigentlich sind.

Alle offenen Fragen versucht man mit gigantischen Zeiträumen zu erklären, denn in Millionen von Jahren müsste doch alles möglich sein. In Wirklichkeit ist die Evolutionstheorie nichts anderes als ein Glaube, nämlich dass es keinen Gott als Schöpfer gibt und sicher nicht geben darf. Sie ist eine Ideologie, deren Grundlage der Atheismus ist.

Jemand sagte einmal: „Wenn jemand an die Entstehung der Welt ohne Gott, nämlich aus Zufall, glaubt, dann braucht er einen starken Glauben, der aber leider ins Leere geht."

Wir wissen doch alle: Von nix kommt nix!

Wenn ich mich auf mein Baugrundstück hingesetzt hätte und auf die Selbstentstehung meines Hauses gewartet hätte, wann meinst du wäre es ohne Zutun fertig geworden? Ich würde immer noch ohne Haus dasitzen, auch in vielen Millionen Jahren würde es nicht entstanden sein.

Wissenschaft und Bibel

Prof. Dr. rer. nat. Thomas Schimmel, vom Institut für Angewandte Physik der Universität Karlsruhe, schreibt in einem Magazin der IVCG (Internationale Vereinigung Christlicher Geschäftsleute und Führungskräfte) dazu Folgendes: „Im Jahr 1965 gab es unter den Wissenschaftlern ein großes Erstaunen: Man hatte eine Strahlung gefunden, die keiner gesucht hatte - die kosmische Hintergrundstrahlung. Von allen Richtungen strahlt sie aus dem Universum auf uns ein. Und schon damals hatte man die richtige Vermutung: Es sah so aus, als ob man bis heute übrig gebliebene Reste vom allerersten Licht in unserem Universum entdeckt hätte.

Wir können uns vorstellen, was das bedeutet: Ein Universum, das nicht ewig existiert hat, das eine Geburts-Sekunde Null erlebt hat! Im jungen Universum ging das Licht an und von diesem allerersten Licht ist heute noch etwas vorhanden.

Wenn das stimmt - das war schon damals klar - wäre es sicher eine der faszinierendsten Entdeckungen, die die Menschheit jemals gemacht hat.

In jedem Kubikzentimeter des Raumes, in dem wir uns befinden, sind noch 400 Lichtquanten vom allerersten Licht unseres Universums. Selbst in den riesigen interstellaren Weiten, in denen fast kein Molekül mehr existiert, ist es nicht ganz leer. Es sind in jedem Kubikzentimeter Raum noch 400 Lichtquanten vorhanden, Zeugen vom allerersten Licht, die bis heute überlebt haben und die wir messen und nachweisen können.

Das Universum dehnt sich unablässig aus. Rechnen wir zurück und lassen es vor unserem inneren, rückwärts gewandten Auge immer kleiner werden, wird es schließlich am Anfang zu einem winzigen Pünktchen verschmelzen - kleiner als der winzig kleine Kern in der Mitte eines Atoms. Das muss man sich einmal vorstellen: Die gesamte Masse und Energie all der Sterne und Galaxien, vereinigt in einem Pünktchen, kleiner als ein Atomkern.

Faszinierend ist auch, dass in diesem winzigen Pünktchen offenbar alle Naturgesetze enthalten waren, die das Universum brauchte, um sich zu entfalten.

Nach allem, was wir heute wissen, haben sich die Naturgesetze nie geändert. Noch heute haben wir die gleichen Naturgesetze, die von Anfang an da gewesen sind. Jeder fragt sich: Wie sind sie in dieses kleine Pünktchen von Universum hinein gekommen? Warum folgt das Universum überhaupt Naturgesetzen - warum ist es nicht gesetzlos? Und warum sind diese Naturgesetze genauso wie sie sind und nicht anders?

Was die Naturgesetze so unveränderlich macht sind die Naturkonstanten. Dazu gehören z.B. die Lichtgeschwindigkeit, die elektrische Ladung in ihrer kleinsten Form, der Elementarladung oder die Masse eines Elektrons. Es gibt mindestens 37 verschiedene Naturkonstanten.

Selbst wenn diese Naturkonstanten nur für eine tausendstel Sekunde schwanken und anschließend sofort wieder den richtigen Wert annehmen würden, den wir für biologisches Leben brauchen - nach dieser tausendstel Sekunde wäre alles biologische Leben auf diesem Planeten ausgelöscht. Keiner hätte diesen Bruchteil einer Sekunde überlebt - vom Menschen bis hin zum Bakterium. Wir wären auf molekularer Skala zerstört. Unsere Erbinformation, die DNA, wäre gelöscht, Zelle für Zelle.

Der Physiker Paul Davies hat vorgerechnet, wie exakt die Naturkonstanten eingestellt sein müssen, damit es überhaupt biologisches Leben geben kann. Es ist eine einfache, leicht nachvollziehbare Rechnung. Das Ergebnis ist so bizarr, dass man sich fragt, wie eine solche Genauigkeit zustande kommen kann: Es zeigt, dass die erforderliche Präzision der Naturkonstanten der eines Scharfschützen entsprechen muss, der ein Ziel treffen will, das nur 1 Zentimeter groß ist und sich am anderen Ende des Universums befindet. Er muss dabei eine Entfernung überwinden, für deren Durchquerung das Licht bei einer Geschwindigkeit von 300.000 km pro Sekunde mehr als 10.000 Millionen Jahre brauchen würde, um am anderen Ende dieser Zielgeraden ein 1-Centstück zu treffen.

Und alles läuft auf einen Anfang hinaus. Wir erkennen diesen Anfang und die Frage steht im Raum: Wer hat eigentlich angefangen? Steht hinter den Naturgesetzen ein Gesetzgeber? Das Universum war nicht schon immer da. Die berechtigte Frage stellt sich daher vielen: Wer hat angefangen?" Soweit Thomas Schimmel von der Universität Karlsruhe.

„Ich bin das Brot des Lebens. Wer zu mir kommt,
wird nie mehr hungrig sein und wer an mich glaubt,
wird nie mehr Durst haben." (Joh. 6, 35)

Das biologische Leben

Einige Evolutionstheoretiker behaupten, dass die Entstehung von Aminosäuren als Bausteine des Lebens, im sogenannten Ursuppen-Experiment, die spontane Entstehung von Leben nachweise.
Dazu Prof. Dr. rer. nat. Siegfried Scherer, Ordinarius für Mikrobielle Ökologie am Wissenschaftszentrum Weihenstephan, der Technischen Universität München. (Auszug aus einem Interview, erschienen in zwei Teilen, am 28.5. und 4.6. 2006, in der Zeitschrift „Der Sonntag"): „Diese Aussage ist falsch! Man hat in vielen Experimenten gezeigt, dass einzelne Moleküle, wie z.B. Aminosäuren oder einzelne Bausteine der Erbsubstanz DNS (Desoxyribonukleinsäure. Englisch: DNA) entstehen. Das hat aber mit Leben noch nichts zu tun, denn Leben ist die gezielte Zusammenlagerung dieser Einzelteile in informationstragende Sequenzen. Das ist ungefähr so, wie wenn wir sagen würden, wir wissen wie ein A und ein B aussehen und jetzt ist bewiesen, dass Goethes „Faust" zufällig entstanden ist." Soweit ein kurzer, prägnanter Hinweis Siegfried Scherers.

Um biologisches Leben zu ermöglichen braucht es perfekte Abstimmung im Mikro- und Makrokosmos. Dabei handelt es sich um festgelegte Begebenheiten, die man Naturkonstanten nennt. Sie sind einfach da - vorgegeben, damit Leben überhaupt möglich wird.

Und das seit Anbeginn der Zeit, sie haben sich nie verändert.

Freilich gab und gibt es, über die Jahrtausende hinweg, immer wieder ein gewisses Maß an Evolution, Mutation und Selektion, doch nur innerhalb einer Art, nie darüber hinaus. Der Ursprung des Universums und des Lebens ist „die Evolution" wohl nicht. Diese Theorie führt uns in die Irre. Nichtsdestotrotz ist sie weltweit verbreitet und wird sogar oft als „bewiesen" kolportiert.

Der britische Astronom Sir Fred Hoyle, der den Begriff des Urknalls (ursprünglich aus atheistischer Sicht) prägte, sagte später einmal: „Nichts hat meinen Atheismus so sehr erschüttert wie die Feinabstimmung der Naturkonstanten". Und weiter: „Es gibt zu vieles, was durch Zufall entstanden aussieht, es aber nicht ist."

Der bekannte britische Astrophysiker Stephen William Hawking, der ebenfalls lange Zeit als Atheist angesehen wurde, sagte: „Es wäre schwierig zu erklären, warum das Universum gerade so begonnen haben sollte, wenn es nicht ein Akt Gottes gewesen wäre, der Geschöpfe wie uns schaffen wollte."

Werner Heisenberg: „Der erste Trunk aus dem Becher der Naturwissenschaft macht atheistisch, aber auf dem Grund des Bechers wartet Gott."

Albert Einstein: „Je mehr wir von der Natur entdecken, desto größer wird Gott."

Den Begriff „Informationstragende Sequenzen" beschreibt die Bibel als „das Wort", griechisch „der Logos", in dem jede Information für die Schöpfung und das Leben gespeichert ist und zur Entfaltung kommt.

Höchst erstaunlich dazu ist der Umstand, dass schon dieses erste Wort, das Gott sprach: „Es werde Licht!", mit Jesus Christus verbunden wird, den uns Johannes als das Wort Gottes vorstellt (Joh. 1-4): „Im Anfang war das Wort, und das Wort war bei Gott, und das Wort war Gott. Dieses war im Anfang bei Gott. Alles ist durch dasselbe entstanden; und ohne dasselbe ist auch nicht eines entstanden, was entstanden ist. In ihm war das Leben und dieses Leben war das Licht der Menschen."

Somit dürfen wir Jesus Christus, als den Ursprung des Lebens und als Mitschöpfer erkennen. Es heißt ja: „Und Gott sprach: *Wir* wollen Menschen machen nach *unserem* Bild, *uns* ähnlich." (1. Mose 1, 26).

Der Gott der Bibel umfasst 3 Personen. Es sind dies Vater, Sohn und Heiliger Geist. Dieser dreieinige Gott ist seit Anbeginn der Schöpfung aus dem Nichts, in genialer Weise, am Werk. Für uns Menschen nur in geringem Maß erkennbar, nicht begreifbar, aber glaubbar.

Denkmuster
und ihre Erscheinungsformen

Ideologien

In dem Begriff „Ideologie" steckt das Adverb „ideal" drinnen, das entsprechend einer höchsten Vorstellung nicht besser vorstellbar bzw. ausführbar erscheint.
Ideologien sind Denkrichtungen, die bestimmte Gesellschaftsnormen und politische Ziele anstreben. Sie können zur Grundlage von Staatsformen werden, besonders bei Diktaturen. Die Machthaber geben sich mit ihrer vertretenen Ideologie als große Führer, Gönner oder Befreier aus. Dabei darf es keinen Gott geben, außer jenem der Ideologie selbst. Oppositionelle werden rasch mundtot gemacht, wenn ihnen nicht Schlimmeres widerfährt.
Im 20. Jahrhundert wurde die Welt von 4 Ideologien (Kommunismus, Nationalsozialismus, Stalinismus und Maoismus) heimgesucht, denen zusammen mindestens 200 Millionen Menschen zum Opfer fielen.
Gott sei Dank sind diese verheerenden Auswüchse politischer Ideologien heute Geschichte, obwohl überall auf der Welt Reste davon zu finden sind. (Extrembeispiel Nordkorea). Die Welt ist nicht besser geworden - es brodelt wie eh und je.
Ideologien können sich auch, bedingt durch den Zeitgeist, fast unmerklich einschleichen und unter Um-

ständen in relativ kurzer Zeit zur Veränderung einer Gesellschaft führen.
Eine Ideologie, die sich nach dem 2. Weltkrieg durch den Wiederaufbau und die zunehmende Industrialisierung in weiten Teilen der Erde breit machte, nenne ich „Wohlstandsmaximierung". Das Streben danach ist verbunden mit der Wunschvorstellung von „Freiheit". Ein Begriff mit einer dehnbaren Bandbreite, die unter Umständen zu leichtfertiger Missachtung vorgegebener Ordnungswerte (Gesetze) führen kann, was bei Regierungen mit schwacher Exekutive deutlich wird. Maßvoller Wohlstand ist zweifellos ein Segen für die, die daran Teil haben, aber eine Maximierung um jeden Preis ist zu hinterfragen. Ihre Schattenseiten sind heute mehr und mehr erkennbar und trotz alldem nimmt andererseits die Armut zu.
Auch die „Freie Marktwirtschaft" wird irgendwann gewisse Rahmenbedingungen akzeptieren müssen, weil fortwährendes Wirtschaftswachstum zunehmend Probleme mit sich bringt.

Philosophie

Hier sind die altgriechischen Wörter „philia" (Liebe) und „sophia" (Weisheit) enthalten. Die Philosophie ist eine Geisteswissenschaft, die es sich zur Aufgabe macht, die Wahrheit über die Entstehung der Welt, über die Stellung des Menschen darin, und über den

Sinn des Lebens zu ergründen. Sie möchte Liebe zur Weisheit wecken.

Manchmal hört man den Ausdruck „Firmenphilosophie", was eine ideelle Ausrichtung eines Unternehmens kennzeichnen soll.

Der deutsche Philosoph Georg Wilhelm Friedrich Hegel fand, dass der Mensch nur durch Anerkanntes als solcher existieren kann. Er sagte: „Sie (die Menschen) anerkennen sich gegenseitig anerkennend." Daraus folgt das Streben nach Leistung und Opportunität, um sich Anerkennung und Vorteile zu verschaffen.

Auch die Philosophie ist bestrebt, das Denken des Menschen zu beeinflussen, um letztlich die Welt zu verändern. So darf jeder Einzelne seine Weltanschauung für seine Lebenseinstellung und damit zu seinem vermeintlich besten Fortkommen heranziehen.

Gott hat dabei, wenn überhaupt, nur einen Sperrsitzplatz am Rande.

Humanismus

In heutiger Zeit ist das Denken in unserer Zivilisation vom Humanismus geprägt. Eine „humane" Form einer Ideologie, die den Menschen im Mittelpunkt sieht. Er ist das Maß aller Dinge und gibt vor was „gut" oder „böse" sein darf.

Der Humanismus ist eine nicht ungefährliche Ideologie in der westlichen Welt, weil sie allgemein als „gut" angesehen wird, sich aber diametral gegen Gott und seinen Sohn Jesus Christus stellt.

Einer der Väter des Humanismus, aus der griechischen Kultur, war Aristoteles. Für ihn war Gott niemand anderer als der Mensch selbst.

Grenzenloses Wirtschaftswachstum, Fortschritt in der Technik, noch höherer Lebensstandard, noch mehr Vergnügen bei weniger Arbeit ermöglichen einen leichtfertigen Lebensstil, der Pflichtbewusstsein und Mut zu Verantwortung hintanstellt. Alles muss dem Menschen dienen. Manches davon ist zu begrüßen, doch schafft der Humanismus im Grunde ein Weltbild ohne Gott, besser gesagt, der Mensch macht sich selbst zu Gott. Dadurch werden Wertevorstellungen und moralische Gesichtspunkte verändert, die schließlich zu massiver Beeinflussung einer Gesellschaft führen, weil sie sich tief im Gewissen der Individuen niederschlagen. Ich sage nicht, dass ein Gottesglaube in einer Regierung im Vordergrund stehen soll, so wie beispielsweise das im Islam der Fall ist. Nein, ich finde die Trennung von Staat und Kirche eine gute Errungenschaft, das Tragische ist nur, dass Gott keinen Platz mehr findet in den Herzen der Menschen. Das wird deutlich z. B. bei der teilweisen Missachtung der 10 Gebote, die uns als Richtlinie für das Leben als Menschen, vor Gott und untereinander, gegeben sind. Der Humanismus unterliegt nämlich einem fatalen Missverständnis. Sein Denken geht davon aus, dass der Mensch im Kern seines Wesens gut sei. Es bedürfe

nur der rechten Rahmenbedingungen, um diesen guten Kern zur Entfaltung zu bringen. Gute Erziehung, gehobene Bildung, eingebettet in ein angenehmes soziales Milieu, das jeden Einzelnen prägt, dann wird es gelingen. Der Mensch wird nichts Böses mehr tun und vor allem, er wird Frieden halten. So wird Friede auf Erden sein.
Ganz ähnlich ist die ideologische Ausrichtung der Freimaurer. Sie sind sozial geprägt, anerkennen ein „Höheres Wesen", negieren aber Gott und erhöhen stattdessen den geschaffenen Menschen.

Zur Zeit des Übergangs vom 19. zum 20. Jahrhundert waren viele Menschen in Europa (auch gläubige) vom Humanismus stark beeinflusst. Erwartungen auf ein kommendes Friedensreich wurden wach, es wurde das Gute, das Edle im Menschen hochgehalten, bis dann 1914 der 1. Weltkrieg ausbrach, dem mindestens 20 Millionen Menschen zum Opfer fielen. Nicht lange danach kam der 2. Weltkrieg, bei dem über 50 Millionen Menschen umkamen.

Religion

Das Wort Religion stammt aus dem Lateinischen „religio" und bedeutet „ich bedenke" oder „ich beachte". Generell ist Religion der Glaube an übergeordnete Mächte, Götter od. Götzen, die das Sein ermöglichen und einen metaphysischen oder transzendenten Inhalt geben, jedoch ohne in persönlicher Beziehung zum Geschöpf zu stehen. Das Individuum (Mensch) ist sich selbst überlassen oder abhängig von ihrer Gunst bzw. Missgunst. Diesbezüglich wird auch häufig von Schicksal gesprochen oder von einem Los (Kismet).

Der Mensch ist von Natur aus religiös geprägt. Er hat eine Ahnung von etwas Übernatürlichem, beinahe so wie eine Hintergrundstrahlung aus dem verlorenen Paradies. Deshalb gibt es kein Naturvolk ohne Religion.

Die Objekte der Verehrung und Anbetung sind vielfältig. Felsen, Berge, Himmelskörper, aber auch Gebilde, die sich der Mensch schafft. Er will seinen Gott sehen und womöglich berühren können, doch werden auch häufig die „Geister" mit einbezogen. Um Götter bzw. Geister gnädig zu stimmen und ihrer Strafe zu entgehen, müssen Rituale vollzogen und Opfer gebracht werden. Daraus lässt sich schließen, dass der Mensch etwas weiß von seiner Schuld. Bei Nichteinhaltung droht Strafe in Form von Unglück oder durch Gesetzeshüter und fanatische Strafvollzieher.

Jeder Mensch hat auch ein Gewissen, eine Vorstellung von dem was gut und böse ist, mehr oder weniger ausgeprägt, deshalb ist er für sein Tun verantwortlich.

Zu allen unterschiedlichen Weltanschauungen und transzendenten Vorstellungen von übergeordneten Wesen (Gott, Götter) gibt es Mischformen, die in den Gehirnen der Menschen entstehen und sich durch Glauben festsetzen.

Meistens ist der Glaube innerhalb von Religionen eng mit der jeweiligen Kultur verknüpft. Wer sich daraus lösen möchte hat unweigerlich mit Konsequenzen zu rechnen. Oft droht auf Konversion die Todesstrafe. Religion wird dazu benützt Macht und Gewalt auszuüben, wie uns die Geschichte bis in die Gegenwart bezeugt.

Der Mensch ist imstande sich einen Abgott zu schaffen, doch mit dem Schöpfer des Universums, mit der Quelle des Lebens, hat das nichts zu tun. Der Erhabene ist für den Menschen so nicht verfügbar und außerdem liegt ein tiefer Graben dazwischen, den die Bibel Sünde nennt. Er kann durch Religion nicht überwunden werden.

Judentum

Das Alte Testament bildet die Grundlage für Juden und Christen. Gott spricht und ruft die Schöpfung ins Dasein, einschließlich des Menschen – Adam und Eva. Trotz dem Sündenfall und der nachfolgend anhaltenden Bosheit der Menschen löscht Gott das Menschengeschlecht nicht völlig aus. Es gab immer wieder Begnadigungen bzw. Herausrettung durch berufene Menschen, die Gott vertrauten. So auch bei der Sintflut, wo durch Noah und der von ihm gebauten Arche, er und seine Familie vor der Flut bewahrt wurden.

Ca. 2000 Jahre vor Christi Geburt beruft Gott Abraham, seine Heimat zu verlassen und in das Land zu ziehen, das er (Gott) ihm zeigen werde. Abraham vertraute Gott in bedingungslosem Glauben. Er erhält in hohem Alter die Zusage eines Sohnes von seiner Ehefrau Sara, die als unfruchtbar galt, und seine Nachkommen sollten so zahlreich sein wie die Sterne am Firmament. Doch zuvor gebar die Dienerin seiner Frau (Hagar) ihm einen Sohn, welcher jedoch nicht der Erbe sein sollte. Ismael wurde zum Stammvater der Araber bzw. der Muslimen, die sich heute auf Abraham als Ursprung ihrer Religion berufen.

Dann bekam Sara tatsächlich einen Sohn, den Isaak. Dieser sollte der rechtmäßige Erbe der Verheißung sein. Gott nennt sich ja selbst „der Gott Abrahams, Isaaks und Jakobs". Mit Isaak beginnt der Bund der Beschneidung (1. Mos. 17,11). Doch ihn sollte sein Vater Abraham jetzt als Opfer darbringen. Wie kann sich nun die Verheißung zur Gründung eines großen Volkes erfüllen? Im letzten Augenblick verhindert der Engel Gottes die Opferung, denn niemals wollte er Isaak töten, er wollte aber Abrahams Vertrauen und seinen Glauben prüfen, den er ihm dann als Gerechtigkeit zurechnete. Er segnete Abraham und versprach, auch die zu segnen, die ihn segnen, während er die verflucht, die ihn verfluchen.

Die größte Bedeutung dieses Geschehens liegt jedoch in der Vorschattung auf den Opfertod Jesu. Nicht ein sündiger Mensch sollte geopfert werden, sondern der

Sündlose, der vom Himmel kommt, das wahre Opferlamm Gottes, sein eigener Sohn. Dieser ist der Same, den Gott verheißen hat zum Segen für alle Völker, sofern sie an ihn glauben – wie Abraham selbst.

Gott sagte dem Abraham und seinen Nachkommen auch das Land zu, in dem sie leben sollten: „Da machte der Herr einen Bund mit Abraham und sprach: Deinen Nachkommen gebe ich dieses Land vom Strom Ägyptens bis an den großen Strom, den Euphrat" (1. Mose, 15, 18).

Der Sohn Isaaks hieß Jakob und sein Zwillingsbruder war Esau. Jakob kämpfte mit Gott am Fluss Jabbok und Gott „übermochte" ihn nicht. Deshalb erhielt Jakob einen neuen Namen: „Israel". Das heißt Gottesstreiter, denn er hat mit Gott gekämpft und gesiegt (1. Mose 32, 24-29). Hier beginnt die Geschichte des Volkes Israel.

Ca. 1450 Jahre später stiftet Gott durch Mose, vor dem Auszug aus Ägypten, das Passah (Vorübergehen), die Herausrettung des Volkes Israel aus der Sklaverei der Sünde durch das Blut von Lämmern, das auf die Türpfosten der Häuser gestrichen werden musste. Das bewegte den vorübergehenden Würgeengel, die Erstgeburten der Hausbewohner zu verschonen. Hier haben wir wieder einen klaren Hinweis auf Errettung durch das Opfer des wahren Gotteslammes, Jesus Christus.

Mose führt nun das Volk Israel (rund 1,5 Mio. Menschen) aus Ägypten heraus, durch das Schilfmeer hindurch, in dem die sie verfolgenden Ägypter umkommen. Die Wanderung geht 40 Jahre lang durch Wüstengebiet in das Land der Verheißung. Gott gibt Mose am Sinai die Steintafeln mit den 10 Geboten, nach denen das Volk unbedingt leben sollte. Nachfolgend kamen noch 603 Vorschriften dazu, teils auf Pergament geschrieben und teils nur mündlich überliefert. Gott geht dem Volk voran, am Tag in einer Wolken- und des Nachts in einer Feuersäule. Er gibt Mose Anweisung, ihm ein Heiligtum – die Stiftshütte mit der Bundeslade – zu bauen, denn er wollte unter seinem Volk wohnen. Ein wichtiger Bestandteil des Judentums war auch der Opferdienst, der verrichtet werden musste. Schon Kain und Abel brachten Gott Opfer dar, doch der eigentliche, angeordnete Opferdienst der Priester aus dem Stamm Levi, begann mit der Stiftshütte in der Wüste und wurde dann ab der Fertigstellung des Tempels in Jerusalem (um 950 v. Ch.) bis zu dessen Zerstörung (70 n. Chr.) durchgeführt.

Viele Anfechtungen, Konflikte und Gefahren mussten während der Wüstenwanderung überwunden werden und viele kamen durch Ungehorsam und Auflehnung gegen Mose und letztlich gegen Gott selbst ums Leben. Als Mose dann am Berg Nebo, östlich des Jordan, mit 120 Jahren starb, sah er das „Gelobte Land" zwar noch, durfte es aber nicht betreten. Josua wird sein Nachfolger und führt das Volk über den Jordan in das Land Kanaan, nimmt Jericho ein und lässt sich im Lande nieder. Dieses Geschehen wird auf das Jahr 1.250 v. Chr. datiert. „Es fehlte nichts an all dem Guten, das der Herr dem Haus Israel verheißen hatte; alles war eingetroffen" (Jos. 23,14). Doch die Feinde rundherum blieben – bis heute. Interessant hierzu ist es, dass es außerhalb der Bibel keinerlei Geschichtsbücher zu den Geschehnissen in dieser Zeit gibt.

Bei all den bewegenden Ereignissen, begleitet mit Fluch und Segen, erkennt der kundige Bibelleser viele Hinweise auf den wahren Erlöser, der kommen sollte, Jesus Christus. Z.B. Abraham mit Isaak und dann Jakob, Mose, das Passah, die Herausführung aus der Sklaverei, der Fels aus dem klares Wasser sprudelte, damit das Volk seinen Durst löschen konnte (1. Kor., Kap. 10, 1-11), und ganz besonders der Bauplan samt den Materialien und deren Ausarbeitung für das Zelt der Begegnung, der Stiftshütte, mit Vorhof, Heiligtum und Allerheiligstem und die dargebrachten Opfer, sind Vorschattungen auf den Messias, den Gesalbten Gottes.

Als Er dann vor rund 2.000 Jahren tatsächlich aus Gottes Geist gezeugt, als Mensch geboren wurde, um Israel und letztlich alle Menschen aus dem Fluch der Sünde und des Todes herauszuführen, erkannten sie ihn nicht, verwarfen ihn und lieferten ihn an ihre damalige Besatzungsmacht aus, um ihn am Kreuz hinzurichten.

Die Juden erkennen ihren Messias jetzt noch nicht,

doch das wird nicht so bleiben. Durch die Kriegsereignisse und vor allem durch die Schreckensherrschaft des Antichristen, werden sie derart in Drangsal geraten, dass sie keinen Ausweg mehr sehen. Dann kommt der Zeitpunkt an dem sie sich auf ihren Jahwe besinnen und zu ihm umkehren werden und zugleich den erkennen werden, „den sie durchstochen" haben. Sie werden den von Gott gesandten Messias bekennen: „Jeshua HaMashiach" („Jesus ist der Herr")! Dann werden sie errettet werden und es wird von ihnen Segen ausgehen zu den Völkern. Doch alle Menschen, die jetzt schon zu Jesus gehören, werden dann nicht mehr auf Erden sein.

Christentum

Die Grundlage des Christentums ist die Offenbarung Gottes, in dem er durch die Propheten des AT, über rund 1.500 Jahre spricht. Er gibt Anweisungen, um unser Leben nach seinem guten Willen zu gestalten. Er verheißt Wohlstand, kündigt aber auch Gericht an, um so einen sicheren Weg zu ebnen, der für jeden Menschen gehbar ist.
Über 300 Prophetien beziehen sich dabei auf die Ankündigung eines Retters, den Gott senden wird zur Erfüllung der verheißenen, aber noch ausständigen Dinge.
Ganz besonders ist hier auf den Propheten Jesaja zu

achten, der ab ca. 740 vor Chr. sein Amt ausübte und eindeutig auf Jesus Christus hinweist, den er als sündlosen Gottesknecht, der zerschlagen wird und sein Leben läßt für die Schuld des Volkes und die der ganzen Welt, darstellt (Jes. 52, 13-15 u. 53, 1-12). Bemerken möchte ich hierzu, dass dieser Text bis heute bei der Lesung in den jüdischen Synagogen ausgeklammert wird, als würde er nicht existieren.

Der Mensch war nie imstande Gottes Gebot (das Gesetz) zu halten, er wurde und wird immer wieder schuldig und dadurch von Gott getrennt – das ist Sünde, von Adam und Eva an. Diese Trennung des Menschen von Gott nahm Jesus auf sich, trug sie ans Kreuz und erlitt dafür den Tod. Doch weil er selbst ohne Sünde war, konnte ihn der Tod nicht halten. Am 3. Tag nach der Grablegung brach er des Todes Macht und ging uns voraus in ein neues, ewiges Leben.

Jesus geht zurück zu seinem Vater, der ihn gesandt hatte und gießt von dort den Heiligen Geist, den der Prophet Joel schon angekündigt hatte, über alle, die an ihn glauben, in reichem Maße aus. Dadurch wird der Mensch zu einer neuen Schöpfung umgestaltet. „Ist jemand in Christus, so ist er eine neue Kreatur; das Alte ist vergangen, siehe, Neues ist geworden" (2. Kor. 5, 17). Gleichzeitig beginnt der Herr Jesus mit dem Bau seiner Gemeinde hier auf Erden, verspricht für die Seinen eine Wohnung im Himmel zu bereiten und wiederzukommen, um sie zu sich zu nehmen, damit sie in Ewigkeit mit ihm vereint sein dürfen.

Dieses Wiederkommen ist ein Abholen, das die Bibel „Entrückung" nennt. Es ist nicht sein Kommen in „Macht und Herrlichkeit", um sein Friedensreich zu errichten.

Jesus wurde zur Zeit seines Erdenlebens in Israel verfolgt und getötet. Seinen Nachfolgern sagte er voraus, dass es ihnen ebenso ergehen wird, was wir bis heute in der Welt erleben. Im damaligen Römischen Reich, besonders unter Nero, wollte man die Christen ausrotten. Doch später, unter Kaiser Konstatin dem Großen (280-337 n.Chr.), wurde das Christentum als Religion anerkannt und dann, nach dem 1. Konzil von Konstantinopel (381 n.Chr.), von Theodosius 1., im Jahr 382 zur allgemeinen Staatsreligion erhoben. Damit begann die Geschichte der Römisch Katholischen Kirche. Nachfolgend floss weltliches Gedankengut ein, das sich mit heidnischen Überresten vermischte und das Papsttum entstand, in dem man sich auf Petrus stützte, der Fels, auf dem die Kirche gebaut werden sollte. Dieser Irrtum brachte viel Unheil über die Menschheit, denn Christen wissen doch, dass der Fels niemand anderer als Christus selbst sein kann. Die Katholische Kirche stieg zu enormer Macht auf und herrschte zeitweise sogar über alle damaligen weltlichen Regenten.

Unter Papst Urban II. erging im Jahr 1095 der Aufruf zum 1. Kreuzzug ins Heilige Land, gegen Muslime und Juden. Es herrschte beim Klerus die religiöse

Wahnvorstellung, dass das „neue Jerusalem", das am Ende, der Apokalypse, in der Bibel (Offb., Kap. 21, 9-27) beschrieben wird, dann herabkäme, wenn die „Befreiung" des irdischen Jerusalem geschehen wäre und glaubte sich zur Ausführung berufen. Die Kreuzzüge erstreckten sich über ca. 200 Jahre, wobei Hunderttausende Menschen den Tod fanden. (Manchen Quellen zufolge waren es gar Millionen).

Bis zum Jahr 1054 gab es nur eine Kirche. Doch durch das Vorgehen der Päpste und besonders durch die Auswirkungen des 4. Kreuzzuges, bei dem auch Christen ermordet wurden, wollten die Kirchenführer aus den östlichen Gebieten (Morgenland) das Papsttum nicht mehr mittragen und es kam nach mehreren Auseinandersetzungen zu einer Spaltung Ost:West, dem „Morgenländischen Kirchenschisma", in Konstantinopel. Die Ostkirche oder auch „Orthodoxe Kirche", die besonders in Griechenland, Russland, Serbien, Rumänien, Bulgarien und Äthiopien vertreten ist, weist heute eine Gesamtmitgliederzahl von ca. 300 Mio. Christen auf.

Martin Luther, der Augustinermönch und Theologieprofessor aus Eisleben in Deutschland, leitete 1517 die Reformation ein. Er zeigte die Missstände der damaligen Kirche öffentlich auf, denn er wollte eine Umkehr durch Rückbesinnung auf die Hl. Schrift, innerhalb der bestehenden Kirche, erreichen.

Vier bekannte „Soli" fassen seine Theologie zusammen: „Sola fide, sola scriptura, solus Christus, sola gratia." Luther wurde dafür mit dem Reichsbann belegt, fand aber in den meisten europäischen Ländern, bis hinauf nach Schweden, viele Anhänger. Unter ihnen die bekannten Theologie-Gelehrten, Calvin, Hus, Wyclif, Zwingli, um nur einige zu nennen. Leider aber wollte die Katholische Kirche keine Reformation akzeptieren. Ihre Anhänger wurden als Protestanten bezeichnet und es kam zur Trennung, aus der die Evangelische Kirche hervorging. In Österreich gibt es über 340.000 Evangelische.

Ende des 19. Jhdt. entstand bei vielen Katholiken neuerdings Unruhe über die „Unfehlbarkeit" der Päpste, wobei sich eine Gruppe formierte und sich in der Kirche der „Altkatholiken" fand, die in Österreich derzeit ca. 14.000 Glieder umfasst.

Trotz sehr hohen Austrittsziffern hat die Katholische Kirche immer noch die größte eingetragene Mitgliederzahl von 4,9 Mio. getaufter Katholiken.

Seit Beginn des 20. Jhdt. sind in auch in Österreich „Freikirchen" vertreten, die sich zunehmend im Aufwind befinden und heute eine Mitgliederzahl von über 20.000 Gläubigen aufweisen.

Die Inquisition, der sich die damalige Kirche bediente, begann 1.268 und dauerte bis ans Ende des 18. Jhdt. Ihr fielen in Europa bis zu 10 Millionen unschuldige Menschen zum Opfer.

Nach der Entdeckung Amerikas wurde sie nach dorthin ausgeweitet. In den ersten 150 Jahren der Eroberung der Neuen Welt und danach starben im „Namen Gottes" 12 Millionen Menschen, hauptsächlich durch Spanier und Portugiesen, in Südamerika und Mexico. (Der größte Völkermord auf diesem Kontinent, so Leonardo Boff über die Inquisition in Amerika. Boff ist ein brasilianischer katholischer Befreiungs-Theologe, geb. 1938).

Manche Historiker sehen die Vorgehensweise der Inquisitoren als Vorläufer von Gestapo, KGB und Stasi. Die Inquisition (aus dem Lateinischen abgeleitet, bedeutet Befragung) wurde eingesetzt zur Aufspürung von Ketzern, die der Häresie bezichtigt wurden, also eine andere Meinung vertraten, als dies die Kirche vorgab. Das materielle Vermögen der Verurteilten floss sofort in ihre Schatzkammern. Auch zur Bestrafung von Heiden und zur Zwangsbekehrung war sie damals ein legales Mittel - oft unter schrecklicher Folter und grausamsten Methoden. Und das alles „im Namen Gottes".

Ich denke, dass in der Menschheitsgeschichte kaum etwas so sehr missbraucht und pervertiert wurde wie der Name Gottes. Es stellt sich dabei die Frage: Waren bei diesen Gräueltaten Christen am Werk? Denn dies ist die Meinung vieler Menschen und deshalb haftet mancherorts, bis heute, ein fahler Geschmack am Christentum.

Islam

Der Islam ist eine Mischung aus Religion, Philosophie und Ideologie. Er umfasst Weltanschauung, Gottesbild sowie Kultur und Regierungsform, und reicht hinein in die Privatsphäre des Lebens in der Gesellschaft. Er ist nicht vereinbar mit Demokratie und duldet neben sich nichts Gleichwertiges, es sei denn der Andersdenkende unterwirft sich. Der Begriff „Islam" kommt aus dem Arabischen und bedeutet „Unterwerfung" oder „Hingabe". Beides wird verlangt. Seit Ende des 20. Jhdt. befindet er sich mit starkem Druck in Ausbreitung, wobei auch Länder der Europäischen Union betroffen sind.

Militante Gruppierungen, die den Islamischen Heiligen Krieg (Dschihad) auf mehreren Ebenen betreiben, um die Weltherrschaft des Islam zu erzwingen, nennt man Islamisten. Sie begehen Gräueltaten „im Namen Gottes", wobei sie sich strikt an den Koran halten und besonders an die kriegerischen Wesenszüge, die ihnen Mohammed vorgegeben und gelebt hat. (z.B. IS - Islamischer Staat).

Das Streben des Menschen nach Bildung, außerhalb des Koran, wird als verwerflich betrachtet. „Boko Haram", die blutigste Terrororganisation, die ihr Unwesen in Afrika (Nigeria, Tschad, Niger, Kamerun) treibt, bedeutet zu Deutsch: „Die westliche Erziehung ist Sünde".

Der Koran stellt für gläubige Muslime, die stets

ihre Pflichtübungen befolgen, das Paradies in Aussicht. Doch Gewissheit darüber gibt es keine, außer, der Gläubige lässt sein Leben für Allah im „Heiligen Krieg". Auch der Selbstmordattentäter, der mit seinem Sprengstoffgürtel möglichst viele „Ungläubige" mit in den Tod reißt, kommt ins Paradies, wo ihn hundert Jungfrauen erwarten. Diese Vorstellung entspringt einem überaus lieblosen Macho-Geist, der Frauen diskriminiert und konträr zur Liebe Gottes in die Irre leitet.

Mohammed ibn Abdallah wurde um das Jahr 570 n.Ch., in Mekka geboren. Er war ein sehr religiöser Mann und wollte die vielen uneinigen arabischen Stämme, mit ihren vielen verschiedenen Göttern einen, in dem er versuchte eine einheitliche Religion mit nur einem Gott, den er Allah nannte, zu schaffen. Doch stieß er dabei auf vehementen Widerstand, denn man sah dadurch althergebrachte Kulturen in Gefahr. Mohammed wurde mit seinen Anhängern vertrieben und floh nach Medina, wo er 10 Jahre zubrachte. Hier beginnt die islamische Zeitrechnung, der ein Kalender zugrunde liegt, der sich am Lauf des Mondes orientiert. In Medina verfasste er auch eine neue Gemeindeordnung, die in der Umma, einer Einheit aller Muslimen der ganzen Welt, ihre Erfüllung finden soll.
Nach 10 Jahren Exil in Medina kehrte Mohammed nun als Stifter einer neuen Religion sowie auch als politischer Anführer, mit kriegerischen Mitteln zurück nach Mekka. Nach mehreren Schlachten gelingt die

Unterwerfung der Mekkaner. Im Jahr seines Todes (632) stiftet er auch die Hadsch, die Pilgerfahrt nach Mekka zur Kaaba, die von nun an als Sitz Abrahams gelten soll, der als Stammvater aller Moslems verehrt wird. Deshalb berufen sich die Moslems auch heute auf Abraham als ihren Stammvater, genauso wie die Juden.

Ein Missionar berichtet aus der arabischen Welt: „Wenn ein arabischer Muslim Christ wird, verliert er seine gesammte Identität. Er verliert die Zugehörigkeit zu seinem Stamm, zu seinem Clan, zu seiner Familie. Er begeht das niemals Verzeihliche: Verrat." Doch das alles nimmt er in Kauf für das unbeschreibliche Gut, für die Erlösung, die Jesus Christus ihm schenkt. (vergl. Mt. 13,44-46).

Die Zuwanderung von Menschen mit islamischer Religion aus wirtschaftlichen Gründen, aber ganz besonders die Fluchtwelle aus den Kriegsgebieten im Nahen Osten, die sich ab 2015 hauptsächlich über Europa ausbreitete, machte einen gravierenden Einfluss des Islam in unsere Gesellschaft möglich. Mit dem Flüchtlingsstrom kamen auch unzählige Islamisten in den Westen. Eine Tatsache, die sich immer wieder durch schreckliche Terroranschläge bestätigt. Die bei uns geltende Religionsfreiheit, die in den Menschenrechten festgeschrieben ist, wird missbraucht und erleichtert diesen Vorgang. Die Aus-

wirkungen waren zu erahnen, jedoch darf wegen vorgegebener politischer Korrektheit nicht öffentlich darüber kritisch diskutiert werden.
Menschen, die in Not geraten sind, müssen wir helfen. Kein Christ wird dies in Abrede stellen, denn Jesus selbst gibt uns ein eindrückliches Beispiel von der Liebe zum Nächsten, durch das Gleichnis vom „Barmherzigen Samariter" (Lk. 10, 25-37). Abschließend sagt der Herr dazu: „So geh du hin und handle ebenso!" Doch sollten wir bei aller Nächstenliebe nicht den Verstand ausschalten.

Überwältigend ist die Tatsache, dass nahezu alle Hilfswerke weltweit von Christen betrieben werden, ganz ohne jede Gegenleistung.
Ein Muslim aus den Nuba-Bergen im Sudan, musste aufgrund des dort schon seit über 20 Jahren andauernden Krieges seine Heimat verlassen und kam in einem Flüchtlingslager unter. Er hatte schon als Kind den Koran auswendig gelernt, denn sein Vater ist der Leiter einer mystischen islamischen Vereinigung. Als ihn Mitarbeiter der Karmelmission besuchten, litt er unter einer sehr schlimmen Malaria-Erkrankung. Er konnte sich kaum mehr bewegen und war in einem extrem schlechten Zustand. Sofort begann der mitgekommene Arzt mit einer gezielten medikamentösen Behandlung gegen Malaria. Nach ca. 2 Wochen, als es ihm schon sehr viel besser ging, sagte er: „Früher dachte ich, ihr Christen seid Ungläubige

ohne Barmherzigkeit. Aber nur ihr habt euch um mich gekümmert, während Muslime mich im Stich ließen. Ich war fast tot, doch Dank eurer Hilfe habe ich überlebt. Jetzt möchte ich das Evangelium kennen lernen." (Auszug aus dem Gebetsbrief der Ev. Karmelmission, Jänner 2020). Solche und ähnliche Berichte erreichen uns immer wieder aus aller Welt.

Nassim Ben Iman, ein in Deutschland lebender Christ, der aus dem Islam heraus zu Jesus fand und seinen Herrn und Heiland in Vorträgen öffentlich bekennt, und deshalb schon mehrfach Morddrohungen erhielt, sagte einmal: „Kritik am Islam ist in Deutschland, ja in ganz Europa, unerwünscht!"
Jeder kennt auch den Ausspruch der ehemaligen deutschen Bundeskanzlerin Angela Merkel: „Der Islam gehört zu Deutschland."

Der Islam zeigt der Welt seine Macht: Derzeit wird das höchste Gebäude der Welt, der Kingdom Kiyadh, ein Turm, mit einer Höhe von 1.007 m und geschätzten Kosten von 1,2 Mrd. US-Dollar, in der saudi-arabischen Hafenstadt Dschidda, am Roten Meer, unweit von Mekka, gebaut. Er soll den Pilgern bei ihrer Hadsch die Macht des Islam und des muslimischen Königreichs demonstrieren. (Wie war doch das damals beim Turmbau zu Babel? Lies 1. Mose 11, 1-9).

*„Ich bin das Licht der Welt. Wer mir nachfolgt,
wird nicht mehr in der Finsternis herumirren, sondern
wird das Licht des Lebens haben." (Joh. 8, 12)*

Das Evangelium

Das Evangelium trägt auch die Bezeichnung „Frohe Botschaft" oder „Gute Nachricht", und das ist es tatsächlich, denn die Worte, die uns hier gesagt werden, findet man in keinem anderen Buch, sei es über Religion, Philosophie oder über irgend eine Wissenschaft. Es ist das Evangelium von Jesus Christus, dem Sohn Gottes, der zu den Menschen auf die Erde kam, um sie aus der Macht der Sünde und des Todes zu erretten. Jesus verheißt allen, die an ihn glauben Vergebung ihrer Schuld und ein völlig neues Leben in einer Liebesbeziehung mit Gott, dem Schöpfer aller Dinge, den er Vater nennt. Dazu schenkt er uns den Heiligen Geist, der uns die Wahrheit seines Wortes erkennen lässt und uns in Kraft durch dieses Leben führt. Wenn jemand sein Leben loslässt und dem Herrn anvertraut, beginnt schon hier auf Erden das ewige Leben, das dann beim Sterben vollendet wird und in die Herrlichkeit einer neuen Dimension, der wahren Wirklichkeit, eintritt.

Menschen, die ihren Lebensweg mit Jesus Christus gehen, sind Christen. Er hat sie durch sein Blut dem Vater erkauft, sie sind dadurch sein Eigentum geworden und leben nicht länger nach den Maßstäben der Welt, sondern für ihn, in seinem Geist. Durch den Geist des Christus sind sie neu geboren, d.h. hineingeboren in das Auferstehungsleben Jesu. Die Sünde und der Tod haben keine Macht mehr über sie. Sie sind in der Welt, gehören aber nicht zu ihr, denn Jesus hat sie aus ihr heraus erwählt (Joh. 15, 18 u. 19).

Die Bibel bezeugt den Geist Jesu durch folgende Eigenschaften (Gal. 6, 22-26): Liebe, Friede, Freude, Geduld, Freundlichkeit, Güte, Treue, Sanftmut und Keuschheit (Selbstbeherrschung). Und der Römerbrief sagt uns im Kapitel 8: „Das Trachten des Fleisches ist Feindschaft gegen Gott ..., denn die im Fleisch sind können Gott nicht gefallen. Ihr aber (die ihr euch Christen nennt), seid nicht im Fleisch, sondern im Geist, wenn wirklich Gottes Geist in euch wohnt; wer aber den Geist des Christus nicht hat, der ist nicht sein". (Im Fleisch sein meint hier ein Leben nach den vergänglichen Wertvorstellungen einer gottlosen Welt).

Die oben angeführten neun Eigenschaften bezeichnet die Bibel als Frucht des Heiligen Geistes bzw. des Geistes Jesu Christi. Sie sind das Kennzeichen der Christen, die der Heilige Geist in ihnen wirkt. Alles andere ist Scheinchristentum bzw. Sektierertum.

Dabei wird deutlich, dass bei all dem schrecklichen Geschehen, das durch kirchlich-religiöse Institutionen verursacht wurde, keine Christen am Werk waren. Und wenn, dann waren sie prekärer Verführung zum Opfer gefallen. Das Christentum wurde vorgeschoben, um unter einem frommen Deckmantel Besitz, Macht und Reichtum zu gewinnen. (Siehe Inquisition Seite 42).

Der Gott der Bibel, der das ganze Weltall erschaffen

hat, der Urheber des Lebens, „wohnt" in unzugänglichem Licht. Er ist heilig. Der Mensch hingegen ist sündhaft und kann von sich aus unter keinen Umständen zu ihm gelangen. Eine für ihn unüberwindbare Schlucht liegt zwischen Gott und dem Menschen - die Sünde. Die Schlucht der Sünde, die den Menschen von Gott trennt, kann dieser von sich aus nicht überbrücken. Es muss andersherum gehen:
„Ich bin der Weg, die Wahrheit und das Leben. Niemand kommt zum Vater (Gott) außer durch mich," sagt Jesus (Joh. 14, 6). Nicht ein Mensch zeigt den Weg zu Gott, sondern Gott zeigt den Weg zu sich selbst durch seinen Sohn. Durch dessen Leiden und Sterben am Kreuz ist nicht nur der Weg zu Gott, dem Vater, frei, Jesus selbst ist der Weg dahin. Die Schuld ist vergeben. Durch seine Auferstehung und den Glauben an ihn und sein Tun schafft er ewiges Leben für jeden, der es annimmt. Hier liegt ein grundlegender Unterschied, der das Evangelium aus der Menge der Religionen, in einzigartiger Weise, heraushebt - Christsein ist keine Religion!
Jesus sagt bei Joh. 15,16 zu seinen Jüngern: „Nicht ihr habt mich erwählt, sondern ich habe euch erwählt."
Es gibt auch in keiner einzigen Religion die Gewissheit einer getilgten Schuld, höchstens ein Abgelten oder Kasteiung dafür, deshalb kann sie auch nicht befreien, im Gegenteil, Religionen engen immer ein und legen Lasten auf.
Jesus hingegen sagt, dass er uns die Last der Geset-

ze und Pflichten und auch die Last des Lebens, wie schwer sie auch sein mag, abnimmt und uns zu einem neuen Leben unter seiner Führung befreit. Bei ihm müssen wir uns auch nicht um Anerkennung (Hegel) abmühen. „Kommt her zu mir alle, die ihr euch abmüht und von eurer Last fast erdrückt werdet; ich werde sie euch abnehmen. Nehmt mein Joch auf euch und lernt von mir, denn ich bin gütig und von Herzen demütig; so werdet ihr Ruhe finden für eure Seelen. Denn das Joch, das ich auferlege, drückt nicht und die Last, die ich zu tragen gebe, ist leicht." (Mat. 11, 28-29).

Gott hat zwar die Menschen aus Eden vertrieben, er hat sie aber nicht aufgegeben. Gott ist Liebe und die Liebe hört niemals auf. (1. Kor. 13, 8).

(Zum Thema „Religion versus Evangelium" möchte ich das Buch „Christsein ist keine Religion" von Albrecht Kellner, erschienen bei Brockhaus, empfehlen. (ISBN 978-3-4172-6846-1)

Die Katastrophe und der Ausweg

Gott ruft die Schöpfung durch sein Wort (Logos) ins Dasein. Er schafft das Licht in der Dunkelheit (Tag und Nacht). Von diesem ersten Licht sind heute noch Reste, die als Hintergrundstrahlung bezeichnet werden, vorhanden. Er macht Land und Meer, lebendige Wesen wie Fische und Vögel, dann die Tiere des Feldes, jedes nach seiner Art. Zuletzt erschafft er die Menschen, doch diese lehnen sich gegen ihn auf und sagen sich von ihm los. Der Initiator dazu ist der Gegenspieler Gottes, der Vater der Lüge, der im 3. Kapitel der Genesis auf den Plan tritt. Die Verführung gelingt auf Anhieb. Der Mensch möchte selbst sein wie Gott und fällt damit in Sünde, von der er aus eigener Kraft nicht mehr loskommt. Er glaubt und vertraut dem Verführer mehr als seinem Schöpfer. Diese Tatsache spiegelt sich im Laufe der Jahrtausende immer wider. Es ist die größte Katastrophe der Menschheitsgeschichte, sie ist nicht rückgängig zu machen. Doch Gott, in seiner Liebe und Weisheit, hat einen Ausweg parat. Es handelt sich dabei um den wichtigsten, Not-wendenden Plan B, der jemals gefasst wurde: Die Heraus-Rettung aus dem Desaster durch Jesus Christus. (Lies Joh. 17, 24).

Im 1. Buch Mose, Kap. 3,15, spricht Gott zum Widersacher, der in Gestalt einer Schlange auftritt: „Ich will Feindschaft setzen zwischen dir und dem Weibe, zwischen deinem Samen und ihrem Samen; derselbe soll dir den Kopf zertreten, aber du wirst ihn in die Ferse stechen." Der Same der Frau ist niemand anderer als Jesus Christus, der am Kreuz von Golgatha den Teufel besiegt hat, ihm quasi den Kopf zertreten hat und ihm dadurch den Plan, den er im Kopf hatte, nämlich die ganze Schöpfung ins Verderben zu reißen, endgültig zerstört hat. Doch Jesus musste dafür sterben. Er tat es aus freiem Willen, in dem er mit seinem Vater wesensgleich eins war, in völligem Gehorsam, aus Liebe zu seiner Schöpfung und vor allem zu seinen Menschen. „Gott war in Christus als er die Welt mit sich versöhnte, indem er ihnen ihre Sünden nicht anrechnete und das Wort der Versöhnung in uns legte" (2. Kor. 5, 19). Jesus hat dadurch der Sünde die Macht genommen, indem er sie auf sich nahm und am Kreuz eliminierte. Doch wahr wird die Auswirkung dieses Geschehens nur für den, der glaubt. Hier hat Gott, der Vater, eine gewisse Hürde eingebaut, die wir auch heute beachten müssen. Automatisch geht es nicht! Die Erlösung aus Sünde und Tod, für die der Vater seinen einzig einen Sohn dahingab, ist ohne Glauben nicht zu erlangen, (lies Joh. 3, 16-20).

Wir lesen weiter von den Problemen, die jetzt über die Menschheit kommen, bis hin zur Vertreibung aus dem Paradies. Aber auch hier erfahren wir die unbegreifliche Liebe und schützende Hand unseres Gottes. Er schickt die Menschen aus dem Garten Eden, „damit sie nicht auch noch die Hand ausstrecken und vom Baume des Lebens nehmen und essen und ewig leben" (Vers 22). Das wäre das Schlimmste, in Sünde, getrennt von Gott, ewig zu leben und keinen Weg zur Umkehr (Buße) mehr zu finden. Und doch wählen die meisten Menschen diesen Weg für ihr Leben. Sie kann ich nur warnen, diesen Weg nicht weiter zu gehen. Keiner weiß wie viel Zeit ihm noch bleibt umzukehren und dem zu vertrauen, der der wahre Weg in Person ist und uns sicher ans Ziel bringt. Bei Mat. 7, 13 sagt Jesus, unser Erretter: „Geht ein durch die enge Pforte! Denn die Pforte ist weit und der Weg ist breit, der ins Verderben führt, und viele sind es, die da hineingehen. Denn die Pforte ist eng und der Weg ist schmal, der zum Leben führt; und wenige sind es, die ihn finden." Um auf dem breiten Weg, der ins Verderben führt, unterwegs zu sein, braucht man nichts Böses tun. Die Masse der Menschheit rennt darauf gedankenlos dahin. Das ist erschreckend!

Zur Erklärung dieses Geschehens sagt die Schlachter-Studienbibel Folgendes: „Die Menschheit ist jetzt in 2 Gruppen aufgeteilt: in diejenigen, die Gott (und seinem Wort) vertrauen und ihn lieben, und in diejenigen, die ihm nicht vertrauen und sich selbst lieben. Diese Spaltung findet ihren unmittelbaren Ausdruck in der Feindschaft des Kain gegenüber seinem Bruder Abel, die mit Mord endet. Die Verheißung Gottes zur Errettung findet ihre letzte Erfüllung im Triumphzug des „zweiten Adam" (Jesus Christus), dem sich alle, die an ihn glauben und ihm nachfolgen, anschließen dürfen." Er bringt alle sicher in ihre ewige Heimat und ist jetzt schon dabei, für sie eine Wohnung dort im Himmel zu bereiten (Joh. 14, 1-3).

Der Heilsplan Gottes

Den Plan Gottes zur Errettung der Menschheit nennt man Heilsplan. Er beginnt (wie schon erwähnt) sofort nach dem Sündenfall und geht durch die gesamte Menschheitsgeschichte, bis über unsere Gegenwart, hinein in die Zukunft.

Die Bibel beschreibt diesen Plan in einzigartiger Weise und kontinuierlicher Folge, er zieht sich wie ein roter Faden durch die ganze Schrift. Das ist ein Wunder, wenn man bedenkt, dass 45 verschiedenen Propheten als Autoren mitwirkten, die (mit wenigen Ausnahmen) sich untereinander nicht kannten. Die meisten von ihnen lebten zu unterschiedlichen Zeiten an verschiedenen Orten. Der Zeitraum der Abfassung umspannt ca. 1.500 Jahre und doch passt alles zusammen wie ein Guss.

Eine kurze Zusammenfassung dieses Heilsplans liegt uns in der Rede des Stephanus, vor dem Hohen Rat, vor. Gegen ihn wurde Anklage erhoben, weil er ein bekennender Nachfolger Jesu Christi war, voll Glaubens und Heiligen Geistes. (Von jeher wurden Christen verfolgt, bis heute, wie Jesus das vorhergesagt hatte).

Wir lesen aus der Apostelgeschichte 6, 8-15 und 7, 1-60 (NGÜ): „Verhaftung des Stephanus"
„Von Gottes Gnade geleitet und mit seiner Kraft er-

füllt, vollbrachte Stephanus unter der Bevölkerung große Wunder und außergewöhnliche Dinge. (Stephanus gehörte zur ersten Christengemeinde in Jerusalem). Aber es regte sich auch Widerstand gegen ihn, und zwar in der so genannten Synagoge der Freigelassenen (wahrscheinlich freigelassene jüdische Sklaven oder deren Nachkommen), zu der Juden aus der Gegend von Zyrene, aus Alexandria und aus den Provinzen Zilizien und Asien gehörten. Einige Mitglieder dieser Synagoge fingen Streitgespräche mit Stephanus an. Doch gegen die Weisheit, die aus seinen Worten sprach, und gegen die Kraft des Heiligen Geistes, mit der er redete, konnten sie nichts ausrichten.

Da stifteten sie einige Männer dazu an, die Behauptung zu verbreiten, Stephanus habe lästerliche Dinge über Mose gesagt und Gott verhöhnt; sie hätten es mit eigenen Ohren gehört. Nachdem seine Gegner auf diese Weise das Volk, die Ratsältesten und Gesetzeslehrer gegen Stephanus aufgehetzt hatten, fielen sie über ihn her und schleppten ihn vor den Hohen Rat. (Eine tragische Parallele hierzu ist das im Islam immer noch gültige Blasphemie-Gesetz).

Dort ließen sie falsche Zeugen auftreten, die behaupteten: Dieser Mensch äußert sich in einem fort abfällig über unseren heiligen Tempel und über das Gesetz. Wir haben ihn z.B. sagen hören, dieser Jesus von Nazareth werde den Tempel niederreißen und die Ordnungen ändern, die Mose uns im Auftrag Gottes gegeben hat. Alle, die im Ratssaal saßen, richteten ihren Blick nun auf Stephanus, gespannt, was er zu seiner Verteidigung vorbringen würde. Zu ihrem Erstaunen sahen sie, dass sein Gesicht leuchtete wie das Gesicht eines Engels.

Die Verteidigungsrede des Stephanus: Eine Bilanz der Geschichte Israels.
Apg. Kap. 7: Der Hohepriester fragte Stephanus: „Treffen die Vorwürfe zu, die gegen dich erhoben werden?" Stephanus erwiderte: „Meine Brüder, Väter unseres Volkes, hört mich an!"

- Abraham und das zugesagte Land
„Der Gott, dem alle Macht und Herrlichkeit gehört, erschien unserem Vater Abraham, als dieser noch in Mesopotamien lebte und noch nicht in die Stadt Haran gezogen war, und sagte zu ihm: Verlass deine Heimat und deine Verwandtschaft und zieh in das Land, das ich dir zeigen werde. Da verließ Abraham das Land der Chaldäer und zog nach Haran. Und nachdem sein Vater gestorben war, zog er weiter und ließ sich auf Gottes Weisung hin in dem Land nieder, in dem ihr jetzt lebt. Allerdings gab Gott ihm damals keinen Grundbesitz in diesem Land, nicht einmal so viel, dass er seinen Fuß hätte darauf stellen können. Er versprach jedoch, ihm eines Tages das ganze Land zum Besitz zu geben - ihm und seinen Nachkommen. Dabei hatte Abraham zu jenem Zeitpunkt noch gar keine Kinder! Seine Nachkommen, sagte Gott, würden als Fremde in einem fremden Land leben und vierhun-

dert Jahre lang unterdrückt und zu Sklavendiensten gezwungen werden. Doch ich selbst, kündigte Gott an, werde das Volk zur Rechenschaft ziehen, das sie versklavt, und dann werden sie von dort wegziehen und mir hier, in diesem Land, dienen. In der Folge schloss Gott mit Abraham einen Bund, dessen Zeichen die Beschneidung ist. Als daher Abraham seinen Sohn Isaak bekam, beschnitt er ihn acht Tage nach der Geburt. Und genauso machte es Isaak mit seinem Sohn Jakob und Jakob mit seinen zwölf Söhnen, unseren Stammvätern."

- Josef und die Rettung seiner Familie
„Die Stammväter waren neidisch auf ihren Bruder Josef und verkauften ihn als Sklaven nach Ägypten. Doch Gott war mit ihm und half ihm aus allen Schwierigkeiten heraus, in die er geriet. Er sorgte dafür, dass der Pharao, der ägyptische König, auf Josef aufmerksam wurde und ihm sein Vertrauen schenkte. Der Pharao war von Josefs Weisheit so beeindruckt, dass er ihm das höchste Regierungsamt Ägyptens anvertraute und ihn zum Verwalter aller königlichen Güter machte.
Dann brach in ganz Ägypten und in Kanaan eine Hungersnot aus und damit begann für die Länder eine schwere Zeit. Auch unsere Vorfahren hatten nichts mehr zu essen. Als Jakob hörte, dass es in Ägypten noch Getreide gab, schickte er seine Söhne, unsere Stammväter, dorthin, ein erstes und ein zweites Mal.

Beim zweiten Mal gab sich Josef seinen Brüdern zu erkennen, und auf diese Weise erfuhr der Pharao Genaueres über Josefs Familie. Josef ließ dann seinen Vater Jakob und alle Verwandten nach Ägypten kommen, insgesamt fünfundsiebzig Personen. Jakob ließ sich in Ägypten nieder, und dort starb er auch, er und unsere Väter. Sie wurden nach Sichem überführt und in dem Grab beigesetzt, das Abraham dort von den Söhnen Hamors gekauft hatte."

- Mose und die Befreiung seines Volkes
„Je näher nun der Zeitpunkt für die Einlösung des Versprechens rückte, das Gott Abraham gegeben hatte, desto größer wurde unser Volk in Ägypten. Es wuchs und vermehrte sich, bis ein König den Thron Ägyptens bestieg, der nichts mehr von Josef wusste. Dieser Herrscher ging mit heimtückischer Grausamkeit gegen unser Volk vor: Er zwang unsere Vorfahren, ihre neugeborenen Kinder auszusetzen, um so das weitere Wachstum unseres Volkes zu verhindern.
In dieser Zeit wurde Mose geboren und Gott hatte Gefallen an ihm. Drei Monate lang war es seinen Eltern möglich, in ihrem Haus für ihn zu sorgen. Als er dann doch ausgesetzt werden musste, nahm ihn die Tochter des Pharaos zu sich und zog ihn wie einen eigenen Sohn auf. Mose erhielt eine umfassende Ausbildung in den Wissenschaften der Ägypter und seine Worte und Taten zeichneten ihn als einen besonders fähigen Mann aus.

Im Alter von vierzig Jahren erwachte in Mose der Wunsch, nach seinen Brüdern und Schwestern, den Israeliten, zu sehen. Als er sie aufsuchte, wurde er Zeuge, wie ein Israelit von einem Ägypter misshandelt wurde. Er kam dem Unterdrückten zu Hilfe und rächte das Unrecht, indem er den Ägypter erschlug. Mose dachte, seine Landsleute würden verstehen, dass es Gottes Plan war, sie durch ihn zu retten, aber sie verstanden es nicht. Das zeigte sich am darauf folgenden Tag: Mose kam gerade dazu, als zwei Israeliten sich stritten und einander schlugen. Er versuchte den Streit zu schlichten und wollte die beiden dazu bewegen, Frieden zu schließen. Männer, sagte er, ihr seid doch Brüder! Warum fügt ihr euch einander solches Unrecht zu? Da stieß ihn der, der den Streit begonnen hatte, zur Seite und rief: Wer hat dich eigentlich zu unserem Anführer und Richter eingesetzt? Willst du mich etwa auch töten, wie du gestern den Ägypter getötet hast? Als Mose das hörte, floh er in das Gebiet der Midianiter. Während der Zeit seines Exils wurden ihm zwei Söhne geboren.

Wieder vergingen vierzig Jahre. Da erschien ihm eines Tages in der Wüste am Berg Sinai ein Engel in den Flammen eines brennenden Dornbusches. Mose sah, dass der Busch in Flammen stand, aber nicht verbrannte, und wunderte sich über diese rätselhafte Erscheinung. Er trat näher, um herauszufinden, was es damit auf sich hatte. Da hörte er die Stimme des Herrn: Ich bin der Gott deiner Väter, der Gott Abrahams, Isaaks und Jakobs. Mose war so erschrocken, dass er am ganzen Körper zitterte und nicht hinzusehen wagte. Der Herr aber sagte zu ihm: Zieh deine Schuhe aus, denn du stehst auf heiligem Boden! Schon lange habe ich gesehen, wie mein Volk in Ägypten misshandelt wird und habe das Stöhnen der Unterdrückten gehört. Nun bin ich herabgekommen, um sie zu befreien. Darum mach dich jetzt auf den Weg; ich sende dich nach Ägypten.

Die Israeliten hatten Mose abgelehnt und zu ihm gesagt: Wer hat dich zum Anführer und Richter eingesetzt? Und genau diesen Mose sandte Gott nun als Anführer und Befreier zu ihnen; er beauftragte ihn durch den Engel, der ihm im Dornbusch erschien. Mose war es, der die Israeliten aus dem Land herausführte, in dem sie Sklaven gewesen waren, und er tat dabei Wunder und außergewöhnliche Dinge - sowohl in Ägypten als auch am Roten Meer und während der vierzig Jahre in der Wüste. Mose war es auch, der zu den Israeliten sagte, einen Propheten wie mich wird Gott aus eurer Mitte berufen und als einen Boten zu euch senden. (Eine Prophetie auf Jesus Christus, der rund 1.400 Jahre später geboren wurde).

Und als sich unsere Vorfahren in der Wüste am Sinai vor Gott versammelten, war Mose der Vermittler zwischen ihnen und dem Engel, der auf dem Berg mit ihm redete; und es war Mose, der die Gebote entgegennahm - Worte, die zum Leben führen - und der sie an uns weitergab."

- Götzenverehrung Israels in der Wüste
„Aber unsere Vorfahren waren nicht bereit, sich Mose zu unterstellen. Im Gegenteil, sie lehnten sich gegen ihn auf und waren entschlossen nach Ägypten zurückzukehren. Als Mose auf dem Berg war, forderten sie Aaron auf: Mach uns Götter, die uns voran ziehen und uns beschützen! Denn dieser Mose, der uns aus Ägypten herausgeführt hat, ist verschollen; keiner weiß, was aus ihm geworden ist. Und dann fertigten sie eine Götzenfigur an, die Nachbildung eines jungen Stieres, brachten ihr ein Schlachtopfer dar und feierten ein Fest - ein Fest zu Ehren dieses selbst gemachten Götzen.
Da wandte sich Gott von ihnen ab und überließ sie ihrem Irrweg, und sie begannen die Gestirne anzubeten, das ganze Heer des Himmels, wie das im Zwölfprophetenbuch (Hosea bis Maleachi) zu lesen ist. Dort sagt Gott: Bin ich es etwa, dem ihr während der vierzig Jahre in der Wüste Schlachtopfer und Speiseopfer dargebracht habt, ihr Israeliten? Nein, das Zelt des Götzen Moloch (eine Bezeichnung für phönizisch-kanaanäische Opferriten, die sogar die Opferung von Kindern durch Feuer vorsahen) habt ihr mit euch geführt und den Stern eures Gottes Räfan; Götzenbilder habt ihr euch gemacht, um euch vor ihnen niederzuwerfen. Darum werde ich euch in die Verbannung führen, noch über Babylon hinaus."

- Bundeszelt und Tempel
„Während ihrer Wanderung durch die Wüste hatten

unsere Vorfahren das heilige Zelt bei sich - jenes Zelt, das Mose nach den Anweisungen Gottes hatte anfertigen lassen und das dem Vorbild entsprach, das ihm gezeigt worden war. Die erste Generation übergab das Zelt der zweiten, und diese brachte es in das Land, dessen Bewohner Gott vor unseren Vorfahren her vertrieb, und das sie unter der Führung von Josua in Besitz nahmen. Dort diente das Zelt bis in die Zeit Davids als Heiligtum. David nun war ein Mann, den Gott seine Gnade in besonderem Maß erfahren ließ. Deshalb bat er Gott darum, als Heiligtum für die Nachkommen Jakobs ein festes Gebäude errichten zu dürfen. Und sein Sohn Salomo war es dann, der Gott tatsächlich ein Haus baute.

Aber wohnt denn der Höchste in einem Haus, das von Menschenhand erbaut ist? Niemals! Beim Propheten Jesaja heißt es: Der Himmel ist mein Thron und die Erde ist mein Fußschemel. Was für ein Haus wollt ihr da für mich bauen? Sagt der Herr. Und wo wollt ihr einen Ort finden, an dem ich wohnen könnte? Hat meine Hand nicht das ganze Weltall erschaffen?"

Der Angeklagte klagt an

„Aber ihr lasst euch ja nicht belehren! fuhr Stephanus fort. Unbeschnitten seid ihr, unbeschnitten an eurem Herzen und taub für Gottes Reden! Immerfort widersetzt ihr euch dem Heiligen Geist, genau wie eure Vorfahren. Ihr seid nicht besser als sie. Gab es je einen Propheten, den eure Vorfahren nicht verfolgt haben?

Sie haben die getötet, die das Kommen des Gerechten ankündigten; und den Gerechten selbst habt ihr jetzt verraten und ermordet (Jesus). Ihr habt zwar das Gesetz erhalten - Engel haben es euch in Gottes Auftrag überbracht - aber befolgt habt ihr es nicht."

Die Steinigung des Stephanus

Als Stephanus das sagte, packte seine Zuhörer ein unbändiger Zorn und ihre Gesichter verzerrten sich vor Wut. Stephanus aber, vom Heiligen Geist erfüllt, blickte jetzt unverwandt zum Himmel hinauf, denn er sah dort die Herrlichkeit Gottes und er sah Jesus, der an Gottes rechter Seite stand. „Ich sehe den Himmel offen stehen!" rief er. „Ich sehe den Menschensohn (Jesus), wie er an der rechten Seite Gottes steht!"

Vor Empörung schrien die Ratsmitglieder laut auf und hielten sich die Ohren zu. Alle miteinander stürzten sich auf ihn und schleppten ihn vor die Stadt, um ihn zu steinigen. Die Zeugen, die gegen ihn aufgetreten waren und daher mit der Steinigung zu beginnen hatten, zogen ihre Oberkleider aus und legten sie zur Aufbewahrung bei einem jungen Mann nieder, der Saulus hieß. Während man ihn steinigte, betete Stephanus: „Jesus, treuer Herr", sagte er, „nimm meinen Geist bei dir auf!" Das waren seine letzten Worte, dann starb er. Saulus aber war mit dieser Hinrichtung voll und ganz einverstanden.

Dies ist nachzulesen in der Apostelgeschichte, verfasst von Lukas, einem bedeutenden Geschichtsschreiber und Arzt. Soweit dieser Text aus der Bibel, der uns einen kurzen Überblick über Gottes Plan mit seinem Volk, bis zur Zeit nach Pfingsten, vermittelt. Das Volk Israel ist bis heute verstockt und erkennt seinen Messias (noch) nicht - bis auf wenige Ausnahmen. Gott hat es dennoch nicht fallen gelassen, wie er auch die übrige Menschheit nicht fallen lässt. Seine Bündnisse gelten ewig.

Saulus, ein Hebräer von Hebräern, wie er selbst von sich sagt und ein ehemaliger Verfolger der Gemeinde Jesu, wurde später durch eine Begegnung mit dem Auferstandenen völlig verändert. Er wollte von da an nur noch eines: Diesem Herrn zu dienen und die Gute Nachricht überall bekannt zu machen. Er wurde zum Völkerapostel Paulus, gründete in Kleinaseien und Griechenland viele Gemeinden und kam auf seinen Missionsreisen bis nach Rom, wahrscheinlich sogar bis Spanien. Außerbiblischen Quellen zufolge wurde er um 63 n. Chr. in Rom unter Nero durch das Schwert hingerichtet.
Stephanus war der erste Märtyrer, dem noch Millionen folgen sollten. Doch der Herr baut seine Gemeinde unaufhörlich, trotz allen Widerstandes, auf der ganzen Welt weiter aus. Nichts kann diesen Siegeszug aufhalten!

„Ich bin die Tür. Wenn jemand durch mich eintritt,
wird er gerettet werden. Er wird ein und ausgehen
und gute Weide finden." (Joh. 10, 9)

Das Gesetz

Die Menschen wurden zwar - um noch größere Not zu verhindern - aus Eden vertrieben, aber von Gott doch nicht verworfen.
Im 2. Buch Mose, Kap. 20, Verse 1-17, lesen wir, dass Gott seinem Volk ein Gesetzbuch (Steintafeln) zur Hand gibt, welches Gebot und Schutz enthält. Es gibt Anweisung zu einem ehrfürchtigen Leben vor dem Schöpfer, aber auch für einen friedlichen, respektvollen Umgang untereinander. Da der Mensch selbst nicht fähig ist ein gerechtes Gesetz zu finden, muss es von außerhalb, von einer höheren Instanz, kommen.

Die 10 Gebote (etwas verkürzt und vereinfacht wiedergegeben):

1. Du sollst keine anderen Götter neben mir haben
2. Du sollst dir kein Bildnis machen
   (um es zu verehren)
3. Du sollst den Namen des Herrn, deines Gottes, nicht missbrauchen
4. Gedenke des Sabbattages (Feiertag, Sonntag), damit du ihn heiligst (am 7. Tag ist der Tag Des Herrn)
5. Du sollst deinen Vater und deine Mutter ehren
6. Du sollst nicht töten
7. Du sollst nicht ehebrechen
8. Du sollst nicht stehlen

9. Du sollst nicht falsches Zeugnis reden wider deines Nächsten
10. Du sollst nicht begehren deines Nächsten Haus, Weib, Knecht, Magd, noch seines Ochsen, Esels, noch alles dessen, was dein Nächster hat

Die Bedeutung dieser biblischen Gebote ist in weiten Teilen der Erde als Grundlage der Gesetzgebung anerkannt. Doch wurde bei uns die verfassungsmäßige Ordnung der staatlichen Grundgesetze in jüngerer Zeit abgeändert, um gewisser Menschenrechte willen, aber zum Nachteil der Gebote Gottes.
Angeklagte in Strafprozessen müssen nicht die Wahrheit sagen, sie dürfen vor Gericht schweigen oder sogar lügen. Wenn es der eigenen Verteidigung dient, dürfen sie ihr Aussehen verändern und sich auch verkleiden. Flucht oder Ausbruch aus dem Verhandlungssaal ist nicht strafbar. Ehebruch ist kein Delikt und deshalb auch nicht strafbar.

Kuriositäten in der Gesetzgebung, die bestimmt zu ergänzen wären. Wie weit haben wir uns von den Grundwerten der Gebote Gottes entfernt!

Doch es kommt noch schlimmer: Laut der Weltgesundheitsorganisation WHO wurden im Jahr 2019 durch gewollte Schwangerschaftsabbrüche 42 Millionen Ungeborene getötet - damit sind Abtreibungen die Haupttodesursache weltweit.

Die 10 Gebote spiegeln Gottes Gerechtigkeit wider und zeigen uns wie wir in Wahrheit sind, denn jede Übertretung ist Sünde. Und: „Der Lohn der Sünde ist der Tod." (Röm. 6, 23).

Wie urteilt Gott über die Menschheit? Wir lesen im Brief an die Römer, Kapitel 1, Verse 18-32, aus der Neuen Genfer Übersetzung:
„Vom Himmel her lässt Gott seinen Zorn über alle Gottlosigkeit und Ungerechtigkeit der Menschen hereinbrechen. Denn mit dem Unrecht, das sie tun, treten sie die Wahrheit mit Füßen. Dabei ist doch das, was man von Gott erkennen kann, für sie deutlich sichtbar; er selbst hat es ihnen vor Augen gestellt. Seit der Erschaffung der Welt sind seine Werke ein sichtbarer Hinweis auf ihn, den unsichtbaren Gott, auf seine ewige Macht und sein göttliches Wesen.

Die Menschen haben also keine Entschuldigung, denn trotz allem, was sie über Gott wussten, erwiesen sie ihm nicht die Ehre, die ihm zukommt, und blieben ihm den Dank schuldig. Sie verloren sich in sinnlosen Gedankengängen, und in ihren Herzen, denen jede Einsicht fehlte, wurde es finster. Weil sie sich für klug hielten, sind sie zu Narren geworden. An die Stelle der Herrlichkeit des unvergänglichen Gottes setzten sie das Abbild des vergänglichen Menschen und die Abbilder von Vögeln, vierfüßigen Tieren und Kriechtieren.

Deshalb hat Gott sie den Begierden ihres Herzens überlassen und der Unsittlichkeit preisgegeben, sodass sie ihre eigenen Körper entwürdigten. Denn sie vertauschten die Wahrheit, die Gott sie hatte erkennen lassen, mit der Lüge; sie verehrten das Geschaffene und dienten ihm statt dem Schöpfer, der doch für immer und ewig zu preisen ist. Amen.

Aus diesem Grund hat Gott sie entehrenden Leidenschaften preisgegeben. Die Frauen vertauschten den natürlichen Geschlechtsverkehr mit dem widernatürlichen, und genauso machten es die Männer. Statt mit Frauen zu verkehren, wie es der natürlichen Ordnung entspricht, wurden sie von wildem Verlangen zueinander gepackt; Männer ließen sich in schamlosem Treiben mit anderen Männern ein. So rächte sich, wie es nicht anders sein konnte, ihr Abirren von der Wahrheit an ihnen selbst.

Und da die Menschen es nach ihrem eigenen Urteil nicht nötig hatten, Gott anzuerkennen, hat Gott sie ihrem Verstand preisgegeben, der zu keinem vernünftigen Urteil mehr fähig ist, sodass sie Dinge tun, die sie nie tun dürften. Es gibt keine Art von Unrecht, Bosheit, Gier oder Gemeinheit, die bei ihnen nicht zu finden ist. Ihr Leben ist voll von Neid, Mord, Betrug und Hinterhältigkeit. Sie reden abfällig über ihre Mitmenschen und verleumden sie. Gottesverächter sind sie, gewalttätige, arrogante und großtuerische Menschen, erfinderisch, wenn es darum geht, Böses zu tun. Sie gehorchen ihren Eltern nicht und sind unbelehr-

bar, gewissenlos, gefühllos und unbarmherzig. Und obwohl sie genau wissen, dass die, die so handeln, nach Gottes gerechtem Urteil den Tod verdienen, lassen sie sich nicht von ihrem Tun abbringen, im Gegenteil, sie finden es sogar noch gut, wenn andere genauso verkehrt handeln wie sie."
Ist das nicht eine leider so wahre und treffende Beschreibung des menschlichen Treibens auch in unserer Zeit? Nur Realitätsverweigerer und Phantasten könnten dem nicht zustimmen.

Jetzt wird sicher manch einer sagen, mit solchen Dingen habe ich nichts zu tun, da habe ich eine reine Weste. Doch die Sünde ist ein Prinzip, dem wir uns aus eigener Kraft nicht entziehen können.
Zweifellos gibt es auch Menschen, die viel Gutes tun, aber Sünd-los ist keiner. Jeder braucht Vergebung!
Ich habe nichts dagegen, wenn sich jemand ernsthaft bemüht ein integeres Leben zu führen, doch wird es letztendlich, aus eigener Kraft, ohne Gott und seiner Vergebung durch Jesus Christus, nicht gelingen.

Bilder unserer Gesellschaft

Alle Gesellschaftsformen, ja unser ganzes weltliches System ist verlogen von Grund auf.
Kürzlich war in einem gesellschaftspolitischen Magazin zu lesen: „Nirgends wird so viel gelogen und betrogen wie in der Wirtschaft und in der Politik." Das Schlimme dabei ist, dass wir es kaum mehr wahrnehmen bzw. uns daran gewöhnt haben und ebenso handeln.

Gott wird dem Menschen, der sich gegen ihn auflehnt und in Sünde gefallen ist, niemals ganzen Einblick in seine Geheimnisse geben, weil er ganz genau weiß, dass dieser alles missbrauchen würde. Entwickelt sich der Mensch zu Höherem, zum Guten, so wie der Evolutionsglaube und auch der Humanismus es gerne hätten und uns weismachen wollen? Wir müssen doch schmerzlich erkennen, dass das Gegenteil der Fall ist! Die „moderne Kultur" mit ihren Ausprägungen und Ideologien trägt nicht zur Förderung von Intelligenz einer Gesellschaft bei.
Das in Filmen, im Fernsehen und Radio Gebotene tümpelt auf niedrigem Niveau. Nicht viel besser läuft es im Theater. Tattoos und Piercings sind groß in Mode, dazu trägt man zerrissene Hosen. Fast pausenlos dröhnen wir uns mit „Rhythmus-Geschrei" zu - das wir Musik nennen. Die meist englischen Texte dazu versteht ohnehin kaum jemand. In den Städten

und sogar draußen in der Natur trifft man immer häufiger Menschen an, die Ohrstöpsel tragen. Ruhe und besonders Stille ist scheinbar nicht mehr auszuhalten. Dafür mehren sich die Probleme durch Burn-Out und Depression.

Handy und Internet sind für Jugendliche wesentlich wichtiger als Bücher. Ein Leben ohne diese technischen Geräte ist für viele nicht mehr vorstellbar. Beginnend bei Kleinkindern, bis in alle Altersgruppen, greift eine allgemeine Verdummung um sich. Viele Schulabgänger können mit 15 Jahren nicht rechnen und nicht Sinn erfassend lesen. Die Jugend bräuchte dringend Ideale, sucht sie aber vergebens. Kann man da noch von Evolution - Entwicklung zu Höherem - sprechen?

Freilich hat der Mensch auch positive Einrichtungen geschaffen, die zumindest einem Teil seiner Spezies zugutekommen, aber in ihrer Gesamtheit gesehen, sind das nur Tropfen auf einen heißen Stein.

Generell befindet er sich auf einem absteigenden Ast, auf dem er noch dazu in blindem Eifer sägt. Ich wage zu behaupten: Degeneration statt Evolution!

Von sich aus ist der Mensch nicht mehr als ein schwaches hilfloses Geschöpf. Alle seine Bemühungen sind letzlich ein „eitles Haschen nach Wind", denn obwohl er um sein Dilemma weiß - bewusst oder unbewusst - ist er dennoch nicht bereit umzukehren.

Dazu ein Zitat des bekannten österreichisch-jüdischen Philosophen Martin Buber. Er sagte: „Die größte

Schuld des Menschen ist es, dass er jederzeit umkehren könnte (zu Gott), es aber nicht tut."
Schauen wir uns einmal im Straßenverkehr ein wenig um. Jeder Verkehrsteilnehmer kennt die STVO und ist verpflichtet sie einzuhalten. Auf der Autobahn z. B. gibt es immer wieder Geschwindigkeitsbeschränkungen und ab und zu Radarkontrollen. Ein dicker SUV rast weit über dem Geschwindigkeitslimit darauf zu, bremst genau rechtzeitig ab, passiert das Radargerät vorschriftsmäßig und steigt danach wieder voll aufs Gas. Du ärgerst dich darüber, doch bei nächster Gelegenheit machst du es genauso. (Abstruse Tatsache am Rande: Eingebaute Radarwarner sind nicht verboten. Und ausländische Raser können aus Datenschutzgründen kaum belangt werden)!
Du schneidest die Kurve, überfährst dabei die Sperrlinie und biegst ohne zu blinken ab.
Du parkst dein Auto breit, denn du willst ja bequem aus- und einsteigen, ob der andere, der daneben parken möchte noch genug Platz findet, ist dir egal.
Den Motor lässt du im Stand laufen, deine Abgase, die die Umwelt belasten, stören dich nicht. Wenn ein Auto vor dir langsamer unterwegs ist, fährst du auf möglichst kurze Distanz auf, vielleicht gibt der Fahrer dann Gas, denn du hast es ja eilig. (Aber sicher nimmst *du* mehr Rücksicht - oder)?
Jeder Mensch macht Fehler - da nehme ich mich nicht aus. Keineswegs will ich mich selbst als besser hinstellen und andere beschuldigen, aber es gibt einen Ort,

an dem ich meine Schuld abladen kann. Beim Kreuz von Golgatha, wo Jesus für die Schuld der ganzen Welt bezahlt hat, auch für meine und deine. Das gilt nicht als Ausrede, der Mensch muss bußfertig dahin kommen und seine Schuld bekennen. Dagegen wehrt sich aber der Uneinsichtige vehement. Und sich bewusst über Ordnungen hinwegzusetzen, ist noch etwas ganz anderes.

Rücksichtsloser Fahrstil macht sich zunehmend breit, nicht nur unter jugendlichen Rabauken, oft sind es Fahrer von großen eleganten Autos. „Wir sind doch wir!" Man fragt sich dabei: was wird heute in den Fahrschulen vermittelt und wo ist die Polizei? Auch darf vermutet werden, dass es dem Computer, der die Fahrprüfung abnimmt, doch ein wenig an Menschenkenntnis fehlt.

Die „Tuningszene" mit illegalen, organisierten Straßenrennen mitten in der Stadt sowie groß angelegte (erlaubte) Treffen mit tausenden von Auto- und Motorradbegeisterten, nimmt besorgniserregend zu. Ebenso die vielen fragwürdigen „Megaevents", in den verschiedensten Bereichen.

Die Polizei, falls sie überhaupt vor Ort ist, darf zuschauen. Ein Einschreiten ist (vom Gesetzgeber) nur erlaubt, wenn schon etwas passiert ist und nur bei erwiesenen Delikten darf Anzeige erstattet werden. Die Beamten haben Angst. Denn einerseits nehmen die Übergriffe auf Polizisten und Polizeistationen dramatisch zu, anderseits müssen sie befürchten, dass sie

bei einem Einsatz wegen „Polizeigewalt" angeklagt werden. In den letzten 2-3 Jahren gab es in Österreich ca. 4.000 Übergriffe gegen Polizisten, wobei 2.000 verletzt wurden, 125 davon schwer.
Absolut nicht zu verstehen ist auch der Umstand, dass Gewalt sogar gegen helfende Rettungsleute im Zunehmen ist.

„Moderne" Anschauungen von Psychologen und Soziologen, welche Politik und Pädagogik beeinflussten, sind hier als richtungsweisend zu sehen. Der ultimative Adrenalinkick ist angesagt. Es gibt keine Strenge mehr, Strafen sind verpönt, man setzt auf „Verhaltensprävention". Damit ist der Weg in eine Gesellschaft ohne Schranken offen. Der Begriff „Freiheit" wurde missbraucht als Türöffner für Gesetzlosigkeit und erweist sich nun als Bumerang.

„Die Neue Linke", mit der hervorgebrachten „68er-Bewegung", die ein Angriff linksorientierter Studenten auf die etablierte Gesellschaft war, brachte auch die „Antiautoritäre Erziehung" hervor, die von Pädagogen sofort umgesetzt wurde. Jedes Kind soll so aufwachsen wie es ihm gefällt. Pflichtbewusstsein, aber auch Achtung gegenüber Eltern und Mitmenschen, ja sogar vor der Obrigkeit, wurden vernachlässigt. Es wurde eher zu Auflehnung dagegen motiviert. Dabei sagt uns Gottes Wort: „Wer seinen Sohn lieb hat, der erzieht ihn mit Strenge." (Spr. 13,

24 frei zitiert). Eltern, die sich hier an die Bibel halten, machen sich strafbar!

Prof. Dr. Rudolf Seiß, Psychologe und Christ, sagte einmal: „Wir haben heute eine Erziehung zum Ungehorsam, wie es sie noch nie gegeben hat."

Der ideologische Einfluss der „68er-Bewegung" verursachte eine Werteverschiebung, die sich in unserer Politik und Kultur bis heute auswirkt.
Im Jahr 2006 reiste der damalige österreichische Bundespräsident Heinz Fischer mit einer stattlichen Wirtschaftsdelegation nach Saudi-Arabien, jenem Land, in dem sich schwerste Menschenrechtverletzungen ereignen, bis hin zu Verstümmelungen und öffentlichen Hinrichtungen, gemäß dem islamischen Gesetz. (2018 wurden z. B. 149 Hinrichtungen vollstreckt). Beim Staatsempfang in Saudi-Arabien wurden Reden gehalten, dabei sagte ein österr. Delegierter, der als Vorhut vorausgereist war, zu den Ankommenden: „Es ist einfach nicht wahr, dass hier Dieben die Hand abgehackt wird - sie wird fachgerecht amputiert."
Dieser ehemalige Bundespräsident war auch ein großer Befürworter des „Interreligiösen und interkulturellen Dialogs", zu dessen Zweck im achten Jahr seiner Amtszeit (2012), das König-Abdullah-Zentrum Saudi-Arabiens (KAICIID), unter dem Vorwand von Religionsfreiheit, in Wien errichtet wurde. Die Saudis

brachten einen völkerrechtlichen Vertrag zustande, dem Österreich, aber auch Spanien zustimmten, wohl wissend um die fortlaufenden Menschenrechtsverletzungen.

Die österr. Justiz-Ministerin von 2009-2011, Bandion-Ortner, übernahm nach ihrer Amtszeit als Ministerin die österr. Vize-Leiterschaft des KAICIID, neben Faisal bin Abdulraham Muaamar, dem saudischen Generalsekretär des Zentrums. Für diese Tätigkeit wurde ihr der Diplomatenstatus zugesprochen, inkl. Steuerbefreiung.

Bezüglich zunehmend aufkommender Kritik setzte sie sich zynisch zur Wehr: „Es wird nicht jeden Freitag geköpft!" Nach einem Zeitungsbericht zufolge, wird diese ehemalige Ministerin auch weiterhin eine „ernannte und unversetzbare" Richterin des Landesgerichts für Strafsachen in Wien bleiben.

Dazu mein Kommentar: „Die Liebe zum Geld übertönt den Ruf des Gewissens."

Die derzeitige Regierung Österreichs strebt eine Verbreiterung der Mitgliedsländer sowie eine Anbindung an die UNO an. Die Schließung des König-Abdullah-Zentrums ist nach den geltenden, aufrechten Verträgen nicht möglich. (König Abdullah ist im Jänner 2015 verstorben).

Justizminister Christian Broda, 1916-1987, Reformer und Humanist, träumte von einem Österreich ohne Gefängnisse.

Heute sind unsere Strafanstalten, trotz Erweiterungen und Neubauten, so voll wie noch nie. Die Einführung der Fußfessel konnte daran nichts ändern. 55% der Insassen stammen aus dem Ausland (Österr. Bibelgesellsch., Stand 2019).
Die Justiz ist restlos überfordert, weshalb viele Vergehen nicht geahndet oder auf die lange Bank geschoben werden, was besonders bei Korruptionsfällen und Betrügereien zu beobachten ist.

Beginnend bei Kleinkindern, bis hin zu allen Altersgruppen, greift auch eine allgemeine geistige Verschmutzung unserer Gesellschaft um sich.
Fernsehen, Filme, Videos, Internet und Handy können für Kinder Gift bedeuten, denn ihr Begreifen der Umwelt reduziert sich auf ein Display und verliert somit seinen Stellenwert. Öfters begegnet man Kindern, Jugendlichen, aber auch Erwachsenen, die auf ihr Handy starren, sogar wenn sie die Strasse überqueren. Dabei gerät selbst das nächste Umfeld außer Acht und das, was dabei betrachtet wird, ist äußerst fragwürdig. Bestimmt kein guter Einfluss, besonders für Kinder.
Ein Kind von zehn Jahren hat bei einem „normalen" Fernsehkonsum von 2-3 Stunden täglich, tausende Morde, Totschläge, Ehebrüche und andere Betrügereien, Einbrüche und Diebstähle hautnah miterlebt. Kleinkinder können dabei zwischen rein visueller Betrachtung und Wirklichkeit nicht unterscheiden, sie

nehmen das, was sie sehen als real und betrachten es als normal. Die Auswirkungen sind verheerend. Es werden Gehirn und Herz beeinträchtigt und das spätere Verhalten geprägt. (Unter „Herz" verstehe ich hier nicht die „Pumpe", die den Körper mit Blut versorgt, sondern die innere Willenszentrale der Seele und des Geistes).

Jesus sagt, dass „von innen, aus dem Herzen des Menschen, die bösen Gedanken kommen, Ehebruch, Unzucht, Mord, Diebstahl, Geiz, Bosheit, Betrug, Zügellosigkeit, Neid, Lästerung, Hochmut, Unvernunft. All dieses Böse kommt von innen heraus und verunreinigt den Menschen (Mk. 7, 21-23).

Nicht selten kommt es vor, dass Kinder und Jugendliche pornografische Darstellungen, die auch am Handy zu sehen sind, anschauen.
Das Beste daraus zu machen versuchte die österreichische Ministerin Andrea Kdolsky, zuständig für „Frauen, Familie und Jugend", von 2007 bis 2008. Sie wollte den Betroffenen „helfen", in dem sie mit einem Bauchladen in Schulen ging und dort Kondome verteilte.

Martin Luther sagte einmal: „Wenn unsere Kinder keine rechten Lehrmeister bekommen, haben Satans Rotten leichtes Spiel!"
Die Jugend sucht nach Vorbildern, wo sind sie zu fin-

den? Dekadenz und Hedonismus haben in unserer Gesellschaft Einzug gehalten, dadurch ist kaum mehr Bereitschaft vorhanden, ein bescheidenes, Gott wohlgefälliges Leben zu führen. Man weiß nicht mehr wozu das gut sein soll.

„Denn obwohl sie Gott kannten, haben sie ihn nicht geehrt, sondern sind dem Nichtigen verfallen und ihr unverständiges Herz wurde verfinstert. Da sie sich für weise hielten, sind sie zu Narren geworden" (Röm. 1, 21 und 22).

Homosexualität und Gender

Homosexualität zwischen Erwachsenen wurde in Österreich 1971 legalisiert und seit 31. 12. 2018 ist Eheschließung für gleichgeschlechtliche Paare möglich.
Ein bekannter und sehr beliebter Sportler sagte damals bei einem Interview im Radio: „Endlich können auch in Österreich alle so leben wie sie möchten."

Papst Franziskus tat kürzlich, in einer Rede, seine Meinung über das Thema „gleichgeschlechtliche Beziehungen" kund. Er sagte: „Homosexuelle Menschen sind auch Kinder Gottes und haben ein Recht auf Familie und Kirche."
Wenn wir jedoch Gottes Ordnungen für das menschliche Zusammenleben in der Bibel betrachten, wird

deutlich, dass homosexuelles Geschlechtsleben nicht in seinem Willen steht.

Sein Wille ist es aber, dass jeder Mensch umkehrt (alle sind Sünder) und sich der verändernden und befreienden Kraft des Evangeliums öffnet, damit er Vergebung durch Jesus Christus erfährt.

„Er hat unsere Sünde selbst hinaufgetragen an seinem Leibe auf das Holz, damit wir, der Sünde abgestorben, der Gerechtigkeit leben mögen" (1. Petr. 2, 24). Dieses prophetische Wort des Petrus bezieht sich auf jede Art von Sünde, wobei zuallererst die Ursünde, die im Wesen jedes Menschen haftet - leben, als ob es Gott nicht gäbe - ans Kreuz gebracht werden muss. Diese Sünde wird im Griechischen mit „harmatia" bezeichnet, was so viel bedeutet wie Zielverfehlung.

Jesus kam, um erneuerte Menschen hervorzubringen, die bestrebt sind, ihm ähnlich zu werden, denn Gottes Ziel ist unsere Umgestaltung in das Bild seines Sohnes. Dies gelingt aber niemals aus eigener Kraft, auch nicht durch eine Kirche, sondern nur in persönlicher Beziehung mit Jesus, in der Kraft seines Geistes. (Siehe das Kapitel „Jesus verändert").

Voraussetzung dazu ist die Aussage bei Joh. 1, 12: „Allen, die ihn aufnahmen gab er Macht Kinder Gottes zu werden, denen, die an seinen Namen glauben." Diejenigen, die nicht an Jesus glauben, sind Geschöpfe Gottes, aber nicht seine Kinder.

Ich finde es bedauerlich, dass das Oberhaupt der katholischen Kirche diese entscheidende Schlüsselstelle in der Heiligen Schrift ignoriert. Offensichtlich redet er lieber dem Zeitgeist das Wort.

Wie ist nun ein Recht Homosexueller auf Familie zu verstehen? Wie könnte bei ihnen eine Familie zustande kommen? Familie besteht ja durch die eheliche Gemeinschaft eines Mannes mit seiner Frau und ihrem(n) Kind(ern). Da aber Homosexuelle nicht in der Lage sind Kinder zu zeugen, müssten diese adoptiert oder durch fremden Samen gezeugt werden.

Wenn ich mir vorstelle, dass ein unschuldiges Baby oder Kleinkind mit zwei Männern oder zwei Frauen als Eltern aufwachsen müsste und wie viel Leid es dadurch in seinem Umfeld treffen würde, dann wird in erschreckender Weise deutlich wie abwegig eine solche Ansicht ist. Leider ist dies aber nicht nur die Meinung des Papstes, sondern auch vieler Politiker und anderer Meinungsmacher. Das Wort Gottes, das uns vor solch abnormen Verhältnissen schützen will, wird missachtet.

In krassem Gegensatz dazu droht in 15 Ländern der Erde Homosexuellen die Todesstrafe, was ebenfalls zu verwerfen ist. Wir dürfen uns niemals als Richter aufspielen, auch nicht durch Ablehnung, aber wir müssen den verirrten Schafen, im Namen Jesu, den rechten Weg zeigen. Er selber ist „der Weg, die Wahrheit und das Leben".

Wenn Homosexuelle das Evangelium strikt ablehnen,

wäre immer noch eine therapeutische „Orientierungskorrektur" eine gute Möglichkeit. Dazu schreibt das Deutsche Ärzteblatt, dass Therapien bei homosexueller Neigung durchaus erfolgreich sein können. Das Ergebnis einer Studie einer amerikanischen Psychologenvereinigung zeigt sich dem übereinstimmend und spricht von einer Erfolgsquote, die bei 60% liegt. Je früher eine entsprechende Behandlung begonnen werden kann, desto eher führt sie zum Ziel.

Leider will der deutsche Gesundheitsminister Jens Spahn jeden Versuch einer sexuellen Umorientierung bei Minderjährigen verbieten. Aus seinem Ministerium verlautet: „Stopp für Konversionstherapie", denn „es ist OK, so wie du bist".

Angeblich ist Deutschland das Land mit der höchsten Quote an Homosexuellen weltweit. Sie liegt bei ca. 10% der Bevölkerung.

Unter „Gender" ist eine Ideologie der sexuellen Gleichmacherei zu verstehen, die ein kulturell-gesellschaftlich konstruiertes Geschlecht hervorbringen soll. Dahinter steckt die Lüge einer krankhaften Idee, die sich diametral gegen den Schöpfer und seiner guten, wohlwollenden Ordnung und Fürsorge für alle Menschen stellt. Sie entspringt dem Feminismus und wird von linksgerichteten Politikern und Funktionären verfochten und verbreitet. Es heißt, der Mensch wird geschlechtsneutral geboren, deshalb soll er (später) selbst entscheiden, ob er Mann oder Frau oder viel-

leicht beides sein möchte - einmal so und einmal so.
Der Gender-Mainstream und die sexuelle Diversität sind in westlichen Ländern auf dem Vormarsch, auch in Österreich.
Das österreichische Bundesministerium für Bildung, Wissenschaft und Forschung, bietet „gezielte Fördermaßnahmen für die Geschlechterpädagogik, mit sogenannten Lernsettings, in ganztägigen Schul- und Betreuungsformen, zum Aufbau von Gender-Diversitätskomponenten" auf allen Ebenen an. Hier wird offensichtlich kollektiver Druck zu einer Werteneutralität ausgeübt, mit dem Ziel, die Gesellschaft zu verändern.
Im „Pride Month" Juni wird jährlich ein offener Umgang mit sexueller Identität und Vielfalt gefeiert. Am 8. Juni fand auch heuer die Regenbogenparade am Wiener Ring statt, an der 340.000 Menschen teilnahmen, die singend und Regenbogenfahnen schwingend die Ringstraße bevölkerten. Dabei wurde von verschiedenen Konfessionen zu einem „queeren Gottesdienst" eingeladen, um Gott für seine Vielfalt in der Schöpfung zu danken.
Auch in Berlin werden regelmäßig Paraden und Demonstrationen für die Rechte von Schwulen und Lesben abgehalten. „Nur gemeinsam sind wir stark für Demkoratie und Vielfalt", heißt es. „Queer Berlin" ist eine weitverbreitete Szene mit einer Vielzahl an Bars, Clubs, Shops und Museen. Überall sind Regenbogenfahnen aufgezogen, die Streifen auf den Fußgänger-

wegen bunt bemalt. Man feiert den Regenbogen und die Feste der „Liebe".
Der Internationale Schwulentag findet jährlich am 17. Mai und der Internationale Hurentag jeweils am 2. Juni statt. Er wurde schon im Jahr 1975 in Lyon eingeführt.

Welch frevelhafte Verzerrung wird dabei am Zeichen Gottes und seinem Versprechen, die Menschheit nie wieder durch das Wasser zu vernichten, dem Bogen am Himmel, verursacht. Doch eines steht fest: „Gott lässt sich nicht spotten!" Jemand sagte: „Wenn Gott solches Treiben ungestraft ließe, müsste er sich bei Sodom und Gomorra entschuldigen."
„Wir haben Gottes Institution, die Ehe, die Verbindung zwischen einem Mann und einer Frau, außer Kraft gesetzt. Wir haben ein drittes Geschlecht erfunden. Wir legen fest, wann ein Leben lebenswert ist. Und wir meinen, das Ende des Lebens bestimmen zu können und es selber beenden zu dürfen", schreibt Samuel Rindlisbacher in einer Zeitschrift vom Mitternachtsruf (CH).

Rauschmittel

Großbritannien begann 1839 einen militärischen Konflikt mit dem damaligen Kaiserreich China, um die Öffnung seiner Märkte für den Opiumhandel zu erzwingen. Damit wurde England zum weltgrößten Drogendealer und allein in China wurden Millionen

Menschen süchtig (1. Opiumkrieg 1839-1842).
Im 2. Opiumkrieg, von 1856-1860, wurde China von England, unterstützt durch Frankreich, gezwungen, seine Grenzen für den Handel weiter zu öffnen. Das Ziel der Verbündeten war es, ihre Einflusssphäre in China und ihre Exporte zu ihrem Vorteil zu erweitern. Damals schon wurde der Grundstein für weltweite Drogengeschäfte gelegt, die seither sukzessive ausgebaut wurden.
Die Hisbollah (Partei Allahs), eine islamistisch-schiitische Partei und Miliz, kämpft gegen den Westen (USA und Verbündete) und gegen Israel, mit dem erklärten Ziel Israel zu vernichten. Sie hat ein weltweites Netzwerk für Drogenschmuggel und Geldwäsche aufgebaut und viele arabische Clans unterstützen ihre Arbeit auch in Europa, mit wachsendem Erfolg.

Der Umsatz des illegalen Drogenhandels, hauptsächlich mit Haschisch, Heroin, Kokain und Opium wird heute auf insgesamt 500 Milliarden US-Dollar jährlich geschätzt. (Seit 1. April 2024 ist in Deutschland Haschisch bzw. Marihuana oder Cannabis legalisiert). Ungefähr beginnend mit dem Jahr 2010 wird derzeit ein Drittel davon über das „Darknet" abgewickelt. Dabei werden zusätzlich ca. 1,2 Milliarden US-Dollar umgesetzt. Das Darknet ist eine Internetplattform für den Handel mit illegalen Gütern, vielfach auch mit Waffen.
Der Handel mit Drogen ist einer der größten Roh-

stoffmärkte der Welt. Nach Schätzungen von Experten gibt es 250 Mio. illegale Konsumenten und allein in Europa werden jährlich Drogen im Wert von rund 30 Milliarden EUR verkauft. Die Zahl der Drogennutzer nimmt weltweit jedes Jahr um 30% zu. (Nach einem Bericht der Vereinten Nationen).
Trotz teilweiser Bemühungen zur Verfolgung ist den Betreibern nicht anzukommen, denn selbst Staaten, die sich als „sauber" ausgeben sind durch grenzwertige Geschäfte mit Menschen, Waffen und durch Verbindungen zu Geheimdiensten (Spionage) und zur Mafia, mit eingebunden und somit befangen.

Wenn wir von „Rauschmittel" sprechen ist es unerlässlich, den Alkohol zu erwähnen. „Ein Glaserl in Ehren kann niemand verwehren." Doch hier gilt: „Der gesunde Menschenverstand ist der Türhüter des Geistes."
Der Apostel Paulus rät seinem Freund Timotheus, er solle doch zum Wasser auch ab und zu ein wenig Wein nehmen, wegen seines Magens und weil er sich häufig so schwach fühlt. (Tim. 5, 23).
„In der Zellforschung wurde festestellt, dass besonders der Rotwein, in kleinen Mengen (max. ein Achterl pro Tag), die Mitochondrien (Turbopropeller in den Zellen) antreibt, was unsere Energie fördert und die Abwehrkräfte mobilisiert. Übrigens hat auch Obst, allem voran der Apfel (mit Schale), ähnliche Wirkung", sagt Prof. Dr. Wolfgang Sperl.

Wird regelmäßig darüber hinaus getrunken, kann es schnell zu Alkoholismus kommen.
Alleine in Deutschland gehen der Volkswirtschaft dadurch jährlich ca. 27 Milliarden EUR verloren. Jeder 20. Todesfall weltweit ist auf Alkoholmissbrauch zurückzuführen und leider sieht es, bezüglich Letalität, bei den Rauchern noch schlimmer aus.
Erfreulich ist hingegen die Tatsache, dass der Alkoholverbrauch in Russland im Sinken begriffen ist.
Bei uns wird derzeit „Alkohol am Steuer" von „High am Steuer" übertroffen, was sich laut einem aktuellen Polizeibericht in Zukunft verstärken wird. Zielführende Maßnahmen dagegen werden nicht ergriffen.

Mittel zum Töten

Bei all diesem schier unglaublichen und unverständlichen Handeln des Menschen muss auch die Waffenindustrie genannt werden. Die Menschheit rüstet ganz massiv auf, d.h. sie deckt sich mit Geräten, Maschinen und Mitteln zum Zerstören und Töten ein.

Im Jahr 2023 betrug der Umsatz mit Waffen weltweit über 2,4 Bio. US Dollar, dabei wird eine Steigerungsrate von ca. 6% verzeichnet. Die größten Exporteure sind die USA, Russland, China, dann Frankreich, Deutschland, Israel und Südkorea, wobei Frankreich und besonders Südkorea die höchsten Zuwächse verbuchen. Allein die USA beliefern 96 Staaten, besonders Länder in den Krisenregionen. Die Erforschung neuer Technologien für noch effizientere Waffensysteme läuft auf Hochtouren. Die Vormachtstellung muss gehalten werden. Zu den Hauptimporteuren zählen Saudi-Arabien, Ägypten und andere Länder Afrikas, neben Australien und China.

Im Jahr 2019 gab es weltweit 27 Kriege bzw. bewaffnete Konflikte, die schon jahrelang andauern, auf fünf Kontinenten, besonders im Nahen Osten und in Afrika.

Die Methoden zum Töten wurden „humaner". Statt des Kampfes Mann gegen Mann werden heute Raketen auf Städte abgefeuert, wobei die verheerenden Auswirkungen nicht unmittelbar betrachtet werden müssen, das ist leichter zu verkraften. Beim Druck auf den Knopf sieht man das vergossene Blut nicht.

Die Raketen finden ihr Zielobjekt mittels eingebauten Sensoren. Je nach Reichweite - bis 13.000 km - kommen auch optische Infrarot- oder Radarsysteme zum Einsatz. Drohnenangriffe aus der Luft und im Wasser erfolgen durch unbemannte Kampfflugzeuge (UAVs) bzw. Wasserfahrzeuge. Damit können Raketen abgefeuert und Bomben abgeworfen werden. Die eingebauten Kameras erstellen Luftaufnahmen, wodurch die Ziele punktgenau gefunden werden.

In den hochtechnisierten Ländern kommt immer mehr die künstliche Intelligenz (KI) zum Einsatz, auch für Kriegszwecke.

Oberst Tucker Hamilton, der Leiter der Einsatzabteilung der US-Luftwaffe sagt: „KI wird unsere Gesellschaft und unser Militär völlig verändern. Ihre Aktionen werden noch effizienter sein, als Menschen das könnten." Bei einem Test im stimulierten Raketenangriff übertraf die KI einen erfahrenen Kriegspiloten um das Fünffache.

China entsendet seit einiger Zeit unbemannte Mini-U-Boote in die Weltmeere, was besonders den USA Sorge bereitet. Die Strategie des Landes der Mitte zielt auf Vorherrschaft in der digitalen Technik und der Elektronik, um die Meere und den Weltraum zur globalen Überwachung zu nutzen. China verfügt auch über die größte Armee der Welt von über 2 Mio. Soldaten, die jederzeit sofort einsatzbereit sind.

Die fortlaufende Aufrüstung Nordkoreas mit einhergehenden Machtdemonstrationen durch Bombenversuche und Militärparaden, gibt Anlass zu Besorgnis. Das eigne Volk darbt und die Gefängnisse und Arbeitslager sind voll, es darf sich keiner mucksen, und was die Christenverfolgung betrifft, steht Nordkorea seit langer Zeit unangefochten an erster Stelle auf der Liste von 50 Ländern. Danach folgen alle islamischen Länder, neben anderen. (Weltverfolgungsindex 2024, Open Doors).

Massenvernichtungswaffen, bei denen Krankheitserreger gezielt eingesetzt werden, nennt man „Biologische Waffen". Im Jahr 1972 wurde die „Biowaffenkonvention" (BWÜ) beschlossen, die besagt, dass die

Entwicklung, die Herstellung und der Einsatz solcher Waffen weltweit verboten werden soll. Diese Vereinbarung wurde dann, am 26. 3. 1975, von 182 Mitgliedsstaaten unterzeichnet, doch von den USA, Syrien, Haiti und einigen afrikanischen Staaten nicht ratifiziert.

China verpflichtete sich zwar auch per Unterzeichnung, die Konvention einzuhalten, doch ist es mittlerweile unter Geheimdienst-Experten kein Geheimnis, dass gerade China die Entwicklung von Biowaffen massiv vorantreibt. In dieser Richtung wird auch in den USA und in Kanada intensiv geforscht.

Nach einer Studie des Europäischen Instituts für Terrorismusbekämpfung und Konfliktprävention (EICTP), steigt die Gefahr von islamistischen Terroranschlägen auf völlig andere Art und Weise. Fazit dieser Studie: Der Terror nimmt ein neues Gesicht an. ABC-Angriffe, etwa mit Bakterien und Viren, werden wahrscheinlicher, auch wenn (noch) das Know-how fehlt. Auch das Darknet wird dafür verstärkt genützt.

Ein römisches Sprichwort aus den Jahren um 200 v. Chr. sagt: „homo homini lupus". „Der Mensch ist des Menschen Wolf."

Illegale Wirtschaftszweige

Nach Schätzungen des Intern. Währungsfonds (IWF) beträgt der Umsatz illegaler Wirtschaft weltweit ca. 1.500 Milliarden US-Dollar jährlich. Korruption,

Rauschgift- und Drogenhandel, Menschenhandel verbunden mit Prostitution, Waffenhandel, Raub, Erpressung, Steuerhinterziehung und andere Betrügereien sind rund um den Globus verbreitet, wobei kein Land davon ganz ausgenommen ist.
Das illegal erwirtschaftete Geld wird vorwiegend in den Wirtschaftsländern USA, CAN, Australien, besonders gerne aber in Mitteleuropa, in Deutschland, der Schweiz und auch in Österreich, in verschiedene Projekte investiert und dadurch „reingewaschen". Als Türöffner hiezu fungieren hauptsächlich Bundesstaaten der USA sowie Großbritannien für Europa. Obwohl es teilweise internationale Übereinkommen gibt, ist es bisher nicht gelungen, effektiv dagegen vorzugehen, denn nicht wenige Länder, besonders Inselstaaten, weigern sich mitzumachen. Die Zahlen sind nach wie vor im Ansteigen begriffen, weil eben keine seriöse Bereitschaft zu flächendeckender Bekämpfung vorhanden ist.

Steuerhinterziehung ist auch ein Delikt und deshalb strafbar. Es gibt aber Steuervermeidungstricks, die völlig legal sind. Alle Großkonzerne, durch die Bank, bedienen sich ihrer, wobei sie von speziellen Steuerberatungsfirmen und Anwälten, die immer wieder Schlupflöcher finden, bestens beraten werden.
Allein in Europa gehen den öffentlichen Haushalten dadurch jährlich 1 Billion (1.000.000.000.000) EUR an Steuereinnahmen verloren, für die der Normalbür-

ger aufkommen muss. Betroffen sind hier, neben den Internetfirmen, viele bekannte und angesehene Unternehmen - auch in Österreich.

Die Schar der Arbeiter und Angestellten, zusammen mit den selbständigen Klein- und Mittelbetrieben, sind maßgebend für das Steueraufkommen und die Aufrechterhaltung unseres Staatsbudgets und werden dazu herangezogen.

Bei den Spielbanken gibt es in fast allen Ländern legale, aber auch illegale Einrichtungen.

Die Casinos Austria verzeichneten im Jahr 2017 einen Umsatz von 330 Millionen EUR, wobei für alle Glücksspielgewinne keine MwSt-Pflicht besteht. Die (noch) illegalen Online-Casinos machen jährlich über 300 Millionen EUR Umsatz. Sie befinden sich, so wie die Lotterien, im Aufwind.

In Deutschland betrug der Umsatz legaler Spielbanken, im Jahr 2018, 703 Millionen EUR.

Erwähnen möchte ich in diesem Abschnitt noch die Auswirkungen von Ladendiebstahl. Im Einzelhandel kommt es verstärkt zu Gelegenheitsdiebstählen, was hohe Kosten verursacht, die gedeckt werden müssen. Ganz massiv schlägt sich dabei die organisierte Bandenkriminalität zu Buche. Laut einer Studie gehen in Deutschland dem Handel 7,7 Millionen EUR, pro Verkaufstag, verloren.

Seltsam erscheint die Tatsache, dass vom Gesetzgeber, auch bei dringendem Verdacht, keine Hausdurchsuchungen angeordnet und unter einem Diebstahlswert von 400 EUR keine U-Haft verhängt werden darf. Die meisten Staatsanwaltschaften stellen die den Anzeigen anhaftenden Verfahren wegen „fehlendem öffentlichen Interesses" rasch ein.

Es drängt sich die Frage auf: Ist der Ehrliche der Dumme? Gottes Wort gibt uns auch hier die Antwort: „Es ist dem Menschen bestimmt einmal zu sterben, danach aber das Gericht."

Der Massentourismus

Wenn ich mich an die Wochenenden und Ferien in meiner Kindheit erinnere, dann muss ich sagen, wir waren damals recht bescheiden - und es war schön.

Mein Vater hatte 2 Wochen Urlaub im Jahr, davon verbrachte er 1 Woche mit Arbeit im Garten und mit kleinen, notwendigen Reparaturen rund ums Haus. Die andere Woche war er mit uns Kindern (insgesamt 3 an der Zahl) und unserer Mutter am Wallersee, wo wir eine Badehütte mit einer „Wohnfläche" von 4x4 m, auf einem Uferstreifen des Landes, gepachtet hatten. Der Vater musste natürlich bald wieder in den Dienst, aber mit Mutter blieben wir in den großen Ferien manchmal wochenlang dort. Das war für uns die schönste Zeit, egal ob es regnete oder die Sonne schien, spielten wir mit benachbarten Kindern im Wasser und im Wald. Jede kleine Unternehmung wurde zu einem großen Abenteuer, von denen mir heute noch viele Einzelheiten in froher und dankbarer Erinnerung sind. Wir waren glücklich und zufrieden.

Beginnend mit Ende der 1950er Jahre hörte ich von manchen Schulkollegen, dass sie mit ihren Eltern eine Urlaubsreise, z.B. nach Italien, gemacht hatten. Von da an ging es mit dem Urlaubstourismus los und steil bergauf.

Erst wurde mit Bus und Bahn oder vielleicht sogar mit dem eigenen Auto gefahren, dann kamen Flugreisen in Mode, wobei die Destinationen immer entfernter wurden. Spanien, Türkei, Karibik, Tunesien - der Tourismus explodierte förmlich, dazu wurde die Werbetrommel immer kräftiger gerührt und die Preise wurden erschwinglicher.

Bewohner von nördlich gelegenen Ländern fuhren oder flogen in den Süden, andere in umgekehrter Richtung. Die Menschen hatten immer mehr Freizeit und auch das nötige Kleingeld, so entstand eine regelrechte Völkerwanderung. Man muss schließlich möglichst alles gesehen und erlebt haben. Kleingeld? Ein Flug Salzburg - London, auf einen Kaffee, vielleicht in der Oxford-Street, kostet mich 20 EUR. Ist das nicht ein tolles Schnäppchen? Das musst du unbedingt buchen! Ob Sommer- oder Wintertourismus, manche besonders schöne Gegenden und Städte sind heute schon derart von Touristen überlaufen, dass es zu Gegendemonstationen aus der Bevölkerung kommt. Im Winter 2019/20 wurden in Österreich 73 Mio. Näch-

tigungen gezählt. Auf vier Wintermonate verteilt, kommt man, inklusive der Tagesgäste, auf rund 1 Million Schifahrer, die sich beinahe täglich auf Österreichs Pisten tummeln. Kein Wunder, wenn man bedenkt, dass es allein im Bundesland Salzburg mehr Seilbahnen und Lifte gibt als in der ganzen Schweiz. Aber damit nicht genug! Unsere Tourismusmanager möchten am liebsten noch eine Millionen Menschen mehr auf die Berge hinaufpumpen. Nach oben gibt's immer noch Luft - ob der Umwelt dabei die Luft ausgeht ist wurscht! „Auf die Berge, fertig, los!" ist die Devise.
Das Börsen-Sprichwort „Gier frisst Hirn" trifft hier zu! Und gibt es vielleicht sogar einen Zusammenhang zwischen Gier, ausschweifendem Leben und Krankheit? Es hat sich nämlich herausgestellt, dass die Ansteckungswelle bei Corona in Österreich von den Schizentren, im Après-Ski Bereich und Partytourismus, ihren Anfang nahm, wobei besonders bekannte und beliebte Wintersportorte Tirols und Salzburgs betroffen waren.

„Mammon" ist ein aramäisches Wort - Jesus sprach diese Sprache - und bezeichnet Geld, Besitz, Begierde, Neid, Habgier. Er sagt dazu in Mt. 6, 24 Folgendes: „Ein Mensch kann nicht zwei Herren dienen. Er wird dem einen ergeben sein und den anderen abweisen. Für den einen wird er sich ganz einsetzen und den anderen wird er verachten. Ihr könnt nicht Gott dienen und zugleich dem Mammon." Von diesem Mammon ist heute die ganze Welt beherrscht, sie ist ihm ergeben. Ihm wird gehuldigt, ihm wird geopfert, vor ihm kniet man nieder. Leider impliziert diese Aussage deutlich: Gott wird dadurch verachtet!

Die Natur, unsere Umwelt

Wenn wir unser Leben und unsere Umwelt betrachten und Gott dabei ausblenden, geraten wir unweigerlich ins Dilemma. Der Mensch ist verschmutzt und deshalb verschmutzt er auch die Umwelt. Ein unbändiger Trieb zu leichtfertigem, unbeschwerten Leben in Wohlstand, ohne Gott, ermöglicht durch technischen Fortschritt, gepaart mit der Gier nach Geld und Reichtum, hat uns in eine prekäre Situation gebracht.

Das Vorgehen des Menschen in der ihm von Gott anvertrauten Welt ist erschreckend und zutiefst besorgniserregend.

Vor rund 70 Jahren gab es in Österreich praktisch keine Kunststoffverpackungen. Zum Einpacken wurde Papier (oft Zeitungspapier), aber auch Pergamentpapier (ein Zellstoffprodukt) verwendet. Als Gebinde für Flüssigkeiten teilweise Glasflaschen, für die man relativ hohen Einsatz leisten musste.

Die Milch holten wir mit der Kanne im Milchgeschäft, das Bier im Krug beim Wirt. Allgemein war es üblich das Verpackungsmaterial selbst mitzubringen.

Erst durch die SB-Geschäfte und später durch die Supermärkte wurden die Waren einzeln in Kunststoff verpackt, handlich und appetitlich und mit Ablaufdatum versehen. Bedingt durch übermäßiges Angebot bleibt Ware liegen, die dann einfach entsorgt wird. Obwohl dank der Sozialmärkte abgelaufene, aber durchaus genießbare Lebensmittel, vielfach verwendet werden können, wird leider immer noch sehr viel weggeworfen. Derzeit werden allein in unserem kleinen Land Österreich, mit knapp 9 Millionen Einwohnern, jährlich mehr als 13.000 Tonnen genießbare Lebensmittel entsorgt. Damit könnten rund 20.000 Menschen versorgt werden.

Ich kann mich erinnern, dass man schon Ende der 1960er Jahre von einer Konsum- und Wegwerfgesellschaft mit sehr negativen Folgen sprach, doch machte sich in Politik und Wirtschaft niemand ernsthaft darüber Gedanken, wie man kommende Auswüchse und Umweltbelastungen in den Griff bekommen könnte. Die Maximierung des Wohlstandes war maßgebend.

In den 1950er Jahren wurden weltweit 1,5 Mio. Tonnen Plastik- und Kunststoffteile produziert, heute sind es 400 Mio. Tonnen. Eine riesige Menge davon wird achtlos weggeworfen und landet im Meer. Man schätzt, dass über 140 Mio. Tonnen Plastikmüll in den Meeren und Ozeanen liegen bzw. schwimmen, und jährlich kommen etwa 9 Mio. Tonnen dazu. Lebensmittelabfälle sind dabei nicht gerechnet, diese werden gefressen oder verrotten mit der Zeit. Leider können Fische und andere Meerestiere das eine vom anderen nicht unterscheiden und verenden oft qualvoll. Insgesamt werden von den Flüssen der Erde jährl. 4 Mio. Tonnen Plastikmüll in die Meere transportiert. Alleine die Donau spült täglich 4 Tonnen davon ins Schwarze Meer.

Im Nordostatlantik lagern nach Berechnungen der NEA (Nuclear Energy Agency) 114.726 Tonnen radioaktiver Abfall, in 222.732 längst undicht gewordenen Fässern. Auch der Ärmelkanal ist von dieser Zeitbombe betroffen.

Weltweit sind auf den Meeren ca. 90.000 Schiffe unterwegs (Stand 6.9.2019). Davon sind ca. 6.500 Passagierschiffe, von denen rund 500 zur Kategorie Kreuzfahrtschiffe zählen. (Fischereischiffe nicht gezählt). Der Kreuzfahrten-Tourismus boomte in den letzten Jahren außerordentlich, sodass die Schiffe immer größer wurden. Die Anzahl der Passagiere ist durchwegs mit der Einwohnerzahl einer Kleinstadt zu vergleichen. Man kann sich vorstellen, welche Mengen an Abfällen hier zusammenkommen, die leider immer wieder einfach ins Meer gekippt werden, obwohl das seit 2013 auf Kreuzfahrten verboten ist. Wer ist in der Lage zu kontrollieren? Alle anderen Schiffe unterliegen keinerlei Auflagen.

Die meisten Schiffe, mit ganz wenigen Ausnahmen, werden mit Schweröl betrieben (HFO Heavy Fuel Oil), ein Rückstandsöl aus der Destillation der Erdölverarbeitungsanlagen, das sich als außerordentlich giftig für Mensch und Tier erweist.

Die Verschmutzung der Erdumlaufbahn begann im Jahr 1957. Mittlerweile umkreisen ca. 8.000 Tonnen

„Weltraumschrott" in unterschiedlichen Höhen, zwischen 800 und 1.400 Kilometern, unsere Erde (ESA, Europäische Raumfahrtagentur). Dieser Zustand wird zunehmend ein großes Problem für Raumfahrt und Flugsicherung.
Bezugnehmend auf den normalen Flugverkehr wurden im Jahr 2018, 46 Mio. Flüge registriert - Tendenz rapid steigend. Die Firma Airbus rechnet in den nächsten 20 Jahren mit einer Zunahme von 50%! Das bedeutet, dass bis dahin ca. 41.000 neue Flugzeuge nötig sein werden. Die indische Fluggesellschaft Indigo hat alleine im Jahr 2023 1.000 Exemplare geordert.

Satelitenaufnahmen des Nachthimmels zeigen, dass große Gebiete auf dem Globus hell erleuchtet sind. Das betrifft Industriezonen und Großstädte mit ihrem Umfeld. Die natürliche Finsternis der Nacht wird in helles Licht getaucht, was als „Lichtverschmutzung" bezeichnet wird. Jesus sagt: „Ich bin das Licht der Welt. Wer mir nachfolgt wird nicht in der Finsternis wandeln, sondern er wird das Licht des Lebens haben" (Joh. 8, 12). Im Gegensatz zum wahren Licht des Heilands, der unser Leben erleuchten möchte, ist das künstliche Licht, das die natürliche Dunkelheit der Nacht zerstört, tatsächlich wie eine Verschmutzung, die sich für den Menschen, besonders aber für die Tierwelt verheerend auswirkt. Die den Wildtieren vom Schöpfer gegebenen Verhaltensweisen in Bezug auf Wachen und Schlafen, Jagen und Ruhen, geraten völlig durcheinander. Dadurch verlieren viele ihre Grundlage zum Leben und zur Fortpflanzung, was letztlich zum Aussterben führt.

Die Abfallwirtschaft boomt, doch leider auch die illegale. Einem UNO-Bericht zufolge fallen jährlich insgesamt fast 50 Mio. t Elektromüll an, wobei 1,9 t alleine aus Deutschland kommen. Das sind 22,8 kg pro Einwohner. Die gesamte Abfallwirtschaft ist zum Teil eine Schattenwirtschaft geworden, die mafiöse Züge aufweist, in dem Elektromüll und andere giftige Abfälle nicht vorschriftsmäßig verwertet und entsorgt, sondern illegal exportiert werden. Hauptsächlich in arme Länder Afrikas und Asiens, wobei sich verschiedene Reedereien beteiligen. Kontrolle ist kaum möglich und greift nicht wirklich.

Viele Menschen in den betroffenen Ländern sehen ihren einzigen Broterwerb im Zerlegen oder Abbrennen der Teile, um an die Edelmetalle zu gelangen, was mit erheblichen Gesundheitsrisiken verbunden ist. Bis zu 17 Milliarden EUR Umsatz wird dabei gemacht.

Wir produzieren derzeit weltweit 2,1 Mrd. Tonnen Müll sowie 1,3 Mrd. Tonnen Lebensmittelabfälle!

In allen Ländern der Erde sind Elektrizitätskraftwerke in Betrieb, Wasserkraftwerke, die sauber arbeiten, aber auch ca. 480 kalorische, die mit Braun- oder Steinkohle befeuert werden und eine enorme Umweltbelastung darstellen. Derzeit sind sogar weltweit zusätzlich 1.400 Kohlekraftwerke im Bau oder in Planung, die meisten davon in Asien und Afrika. Ein Ausstieg aus der Kohle, wie teilweise propagiert wird, ist nicht in Sicht, es ist genau das Gegenteil zu beobachten. Und alle reden vom wachsenden Bedarf an Energie, vom Sparen spricht niemand. Das ist auch nicht populär, der Mensch will mehr, immer mehr.

Die Anzahl von Kernkraftwerken beläuft sich derzeit auf ca. 450 Einheiten, zusätzlich sind weitere 55 Anlagen in Bau bzw. in Planung. Eine sichere Entsorgung der anfallenden, hochgiftigen nuklearen Rückstände ist bis dato nicht möglich. In 13 versch. Ländern der EU sind derzeit 100 nukleare Kraftwerke in Betrieb. Das größte Atomkraftwerk Europas steht im Süden der Ukraine, ist jedoch jetzt im Krieg nicht in Betrieb.

Weltweit sind rund 1,3 Milliarden Autos unterwegs. Im Jahr 1950 waren es gerade einmal 70 Millionen. Die Autoindustrie verzeichnet einen jährlichen Zuwachs von 8%, besonders in Asien.

Die Produktion von Motorrädern wird auf 110 Millionen Stk. Pro Jahr geschätzt, mit einer Zuwachsrate von 5%, ebenfalls hauptsächlich in Asien.

Bei Autos und Motorrädern zählt auch Afrika als Markt der Zukunft, ähnlich ist die Situation in Südamerika.

Durch stetig wachsende Produktionsraten in allen Bereichen, sowie steigendem Bedarf in öffentlichen Einrichtungen und privaten Haushalten, wird immer

mehr Energie benötigt, deren Erzeugung Mengen an Schadstoffen verursacht.
Das Treibhausgas Kohlenstoffdioxid (CO2) brauchen Pflanzen zum Wachsen. In zu großen Mengen reduziert es aber die Luftqualität, besonders in Bodennähe, während das Stickstoffdioxid (NO2) für die Erderwärmung verantwortlich ist. Die als natürliche Regulatoren in der Schöpfung vorgesehenen Wälder, besonders die tropischen Regenwälder in Mittel- und Südamerika und Asien, sind stark gefährdet. Diese grünen Lungen, die zusammen mit den Ozeanen das Klima der Erde stabilisieren und regulieren, werden systematisch zerstört.
Der Mensch wurde von Gott beauftragt die wunderbare Schöpfung zu bewahren, doch er begeht Raubbau in immer größerem Ausmaß. Wer kann ihm Einhalt gebieten?

Die Menschen wollen immer „besser" leben und genießen, deshalb steigt der Fleisch- und Fischkonsum unaufhörlich rasant an. Das führt dazu, dass immer mehr Weideland und Futterplantagen für die Tiere, von denen das Fleisch genommen wird, gebraucht werden.
Die Urwaldriesen, in hunderten von Jahren gewachsen, werden gefällt, das kostbare Holz an die Möbelindustrie verkauft und der Rest abgebrannt.
Die ursprünglich dort lebenden Ureinwohner wurden vertrieben oder umgebracht, um Äcker für die

Landwirtschaft zu gewinnen. Riesige Plantagen für Ölpalmen, Soja, Bananen und Kaffee wurden errichtet und werden weiter ausgedehnt, wobei auch der Lebensraum vieler Wildtiere zerstört wird. „Global Forest Watch" berichtete schon 2017, dass die Regenwälder in Brasilien, Kongo, Indonesien, aber auch in Australien, massiv bedroht sind und jetzt schon irreparable Schäden aufweisen, die sich auf das Weltklima auswirken. Jährlich werden weltweit 300.000 km2 vernichtet, das sind 42 Fußballfelder jede Minute. Im Jahr 2019 z.B. wurde eine Fläche so groß wie Großbritannien zerstört.

Brasilien und Argentinien sind die größten Fleischlieferanten der Welt. Allein in Brasilien werden ca. 180 Millionen Rinder, oft in Massentierhaltung gezüchtet, neben Schweinen, Puten und Hühnern, die in Tierfabriken darben. Das Fleisch dieser Tiere landet hauptsächlich in den Supermärkten und (Billig)-Restaurants Nordamerikas, Europas, Skandinaviens und Australiens, und in zunehmendem Maß in Asien. Im Jahr 2018 exportierte Südamerika insgesamt 1,64 Millionen Tonnen Fleisch.
Um möglichst viel Profit aus den Tieren herauszuholen, schreckt man vor Quälereinen nicht zurück. Auch in Europa, besonders durch artungerechte Haltung und Tiertransporte ins Ausland.
Durch das Handelsabkommen, das die EU mit den Mercosur-Staaten (Argentinien, Brasilien, Paraguay

und Uruguay) geschlossen hat (1. Juli 2019), verpflichtet sie sich jährlich mindestens 99.000 Tonnen Rindfleisch zu importieren. Der brasilianische Präsident Jair Bolsonaro hatte ursprünglich 400.000 Tonnen gefordert.

Dazu sagte Jean-Claude Junker (Kommissionspräsident der EU von 2014 - 2019): „Ich habe meine Worte wohl abgewägt, wenn ich sage, dass dies ein historischer Augenblick ist. In einer Zeit internationaler Handelsspannungen tun wir heute mit unseren Partnern aus dem Mercosur deutlich kund, dass wir für einen auf Regeln beruhenden Handel stehen."

Durch das Freihandelsabkommen - es ist noch nicht inkraft - würde sich die EU jährlich 4 Mio. EUR an Zoll ersparen, dabei denkt scheinbar niemand, welch immens hohen Preis der Konsument und letztendlich alle Menschen bezahlen müssten.

Die EU-heimischen Bauern, besonders die kleineren, sind bestürzt und protestieren, aber werden sie Gehör finden? Die Industrie mit ihren Großbetrieben jubelt.

Prekär ist auch die Situation bei der Fischerei. Im Jahr 1950 nahm man noch an, dass der Fischreichtum in den Weltmeeren unerschöpflich sei. Doch dann begann die industrielle Fischerei mit wesentlich größeren und schnelleren Schiffen, ausgestattet mit 3D-Sonargeräten, digitalen Karten und Satellitennavigation, welche die Fischschwärme anzeigen, die dann bis auf das letzte und kleinste Exemplar eingesaugt werden. Es gibt kein Entrinnen. Die heutigen Fangmethoden erstrecken sich in Tiefen bis über 2.000 m. Lag der Fangertrag 1950 bei 12,8 Mio. Tonnen, so hat er sich in den folgenden rund 70 Jahren vierzehnfach erhöht und wies im Jahr 2019 eine Menge von 178 Mio. Tonnen auf. Viele wertvolle Fischarten sind heillos überfischt, so z.B. Thun, Hai, Schwertfisch Rotbarsch, Heilbutt, Scholle und Seezunge (bitte nicht kaufen)! Ihr Vorkommen verzeichnet einen Rückgang von 90%. Der Beifang von allem möglichen Meeresgetier, besonders Krabben, Seesterne und Muscheln, aber auch Jungfische, die nicht verarbeitet werden, werden tot oder halbtot ins Meer entsorgt. Durch den Einsatz von Grundnetzen, besonders in der Nordsee, wird der Meeresboden regelrecht aufgepflügt und als Lebensraum für Meerestiere zerstört. Es wird zwar versucht durch strenge Richtlinien Nachhaltigkeit zu schaffen, doch die stehen nur auf Papier. Der illegale Fischfang macht nach Schätzungen ca. 25% der weltweiten Fischerei aus. Es wird befürchtet, dass ab 2050 keine kommerzielle Fischerei auf den Weltmeeren mehr möglich sein wird, bei der heute ca. 2.700 Milliarden Fische jährlich getötet werden (Beifang natürlich nicht mitgerechnet). Hinzu kommen rund 120 Milliarden Fische, die aus Fischfarmen stammen. Im Vergleich dazu werden jährlich ca. 63 Milliarden Säugetiere und Vögel (Puten und Hühner) geschlachtet. Der Mensch ist unersättlich - auch in seiner Fressgier.

Tierschutzorganisationen sprechen von Fischozid und einer Tierschutzkatastrophe gigantischen Ausmaßes.
Da die Erträge aus den Meeren zurückgehen, hat man riesige Aquakultur-Anlagen für Massentierhaltung von Fischen (Fishfarming) in Küstennähe errichtet, die hauptsächlich von China, den USA, Holland, Norwegen, Schottland, Taiwan und Chile betrieben werden. China ist dabei zu fast 70% beteiligt und baut kontinuierlich aus. Die Nachfrage ist enorm. Gezüchtet werden hauptsächlich besonders genügsame Fische unterschiedlicher Art, neben Muscheln und Garnelen, die mit Kraftfutter gemästet werden, dem reichlich Antibiotika und Pestizide beigesetzt wurden, um Seuchen vorzubeugen. Diese Art von Fischzucht ist ein gigantischer Industriezweig geworden, der weltweit fantastische Zuwachsraten verzeichnet.
Die Konsumenten sind Menschen, die nicht fragen, wo ihr Essen herkommt.

Eine US-amerikanische und deutsche Umweltbewegung brachte in den 1980er Jahren folgende Aussage, als Weissagung eines Cree-Häuptlings, in Umlauf: „Erst wenn der letzte Baum gerodet, der letzte Fisch gefangen, der letzte Fluss vergiftet ist, werdet ihr feststellen, dass man Geld nicht essen kann!"
Und Albert Einstein soll gesagt haben: „Zwei Dinge halte ich für unendlich: Das Universum und die Dummheit der Menschen, wobei ich beim ersten nicht ganz sicher bin."

Die Korallenbänke der Meere stellen ein wichtiges Ökosystem dar, doch auch sie sind durch den Menschen gefährdet. Das Great Barrier Reef, vor der Küste Queenlands, im Nordosten Australiens z.B., das sich auf eine Länge von 2.300 km erstreckt und 2.900 einzelne Korallenriffe aufweist, ist bereits zur Hälfte zerstört. Die verursachte, sogenannte Korallenbleiche führt zum Absterben der Riffe, globale Erwärmung des Wassers ist die Folge. Durch zusätzliche Zerstörung der Tropenwälder ergibt sich eine Veränderung des Klimas auf der Erde. Die entstandene Erwärmung der Erdoberfläche bewirkt seit einigen Jahren ein rasantes Abschmelzen der Polkappen, wozu ein Expertenteam, bestehend aus NASA und ESA, feststellte, dass seit 1992 mehr als 4.000 Milliarden Tonnen Eis abschmolzen, was ein problematisches Ansteigen der Weltmeere zufolge hat.

Die Versauerung der Meere durch CO_2 und nicht zuletzt der überbordende Tourismus, tun das ihre dazu. Jahrzehntelang war es der australischen Kohleindustrie erlaubt, ihr gesamtes, berghohes Baggergut einfach ins Meer zu kippen.

Wenn durchlässiger Boden, sei es Erdreich, Sand oder Schotter mit undurchlässigem Material wie Asphalt, Beton oder Kunststoff überzogen wird, nennt man das Versiegelung. Dadurch geht der natürlicher Boden ebenso verloren wie die Grundwasserspeicher, weil das Regenwasser nicht versickern kann, dafür kommt es schnell zu Überflutungen. Allein in

Österreich werden täglich Flächen in der Größe von über 16 Fußballfeldern versiegelt und verbaut. Dieser Sachverhalt ist hinlänglich bekannt und die verantwortlichen Politiker beteuern ihr Engagement für die Umwelt, doch die Bodenzerstörung schreitet ungehindert voran.

In Europa machen uns nicht nur demografische Veränderungen durch Massenzuzug zu schaffen, auch die Tier- und Pflanzenwelt gerät durch Klimawandel und Massentourismus durcheinander. Invasive Arten aus anderen Kontinenten machen sich breit und stören unsere Fauna und Flora in bedrohlicher Weise.

Das Gerede vom Klimaschutz ist, angesichts dieser Tatsachen, nur versuchte, aber unwirksame Vertröstung, eigentlich sinnlos und wird für alle möglichen politischen und wirtschaftlichen Zwecke mißbraucht. Wo effektiv angesetzt werden müsste, wird nichts getan. Der Mensch ist nicht in der Lage umzukehren. (Siehe Zitat Martin Bubers).

In Österreich befindet sich der 380 KV-Hochspannungsring, für überregionalen Energieaustausch, im Rahmen eines europäischen Verbundsystems, im Ausbau. Trotz massivem Widerstand von Teilen der Bevölkerung und manchen Politikern, wird das Projekt von der APG (Austrian Power Grid) vorangetrieben. Dafür werden mind. 800 ha, teilweise Schutzwald und weite Gebiete schützenswerter Landschaft, geopfert.

Die oberste Grundsatzfrage müsste lauten: „Brauchen wir das wirklich?" Sicher wäre es besser effiziente Sparmaßnahmen zu treffen, als den Verbrauch von Strom anzukurbeln. Doch leider wollen kurzsichtige Stromproduzenten nichts vom Sparen wissen, im Gegenteil, immer mehr, das bringt Geld!
Ein Argument der Betreiber ist die zunehmende Elektromobilität, doch wird ihre Umweltfreundlichkeit aus der Gesamtsicht schon längst infrage gestellt.

Als 5G (5. Generation des Mobilfunks) wird die drahtlose Vernetzung des weltweiten Mobilfunksystems bezeichnet, die für die globale Wirtschaftsentwicklung, für Produktion und Logistik vorangetrieben wird. Man verspricht sich dadurch immense Vorteile für Mensch und Maschine, wie es heißt. Für mein Verständnis ist jedoch auch hier ein großes Fragezeichen zu setzen.
Die gefuchsten Manager werden mit Boni in Millionenhöhe belohnt, die natürlich dem Endverbraucher verrechnet werden.

Der Landeshauptmann von Salzburg, Wilfried Haslauer, sagte kürzlich: „Für mich ist Wirtschaft ohne Wachstum nicht vorstellbar." Diese Sichtweise ist, meiner Meinung nach, nicht mehr zeitgemäß.
Wo wollen wir hin, was ist unser Ziel? Dazu ein Wort von Marie von Ebner-Eschenbach: „Das eilende Schiff, es kommt durch die Wogen wie Sturmwind geflogen. Mit Jubel verkünden die Stimmen gar viele:

Wir nahen dem Ziele! Der Fährmann am Steuer nur stöhnet leise: Wir segeln im Kreise."

Viele Wissenschaftler sind sich darüber einig, dass unsere Erde schon so weit zerstört ist, dass eine Regeneration nicht mehr möglich sein wird. Obwohl durch drastische Maßnahmen zu Beginn der Coronapandemie und durch damit verbundenem Herunterfahren der Wirtschaft, dort und da Lichtblicke an Erholung der Natur erkennbar wurden, ist eine Nachhaltigkeit nicht zu erwarten. Denn damit würde ja das ganze Weltsystem, an dem der Mensch engstirnig festhält, zusammenbrechen.

Stephen Hawking, den ich schon weiter oben zitierte, sagte kurz vor seinem Tod: „Der Mensch soll nicht auf seine Füße schauen, sondern auf die Sterne." Er meinte damit, die Erde auf der wir stehen, ist nicht mehr zu retten, deshalb sollen wir eine Ausweichmöglichkeit auf anderen Planeten suchen. Jedoch wird diese Idee ein utopischer Wunschtraum bleiben, weil die Entfernungen von Millionen von Lichtjahren für uns nicht zu bewältigen sind. Nichtsdestotrotz wird in dieser Richtung massiv geforscht und werden Unsummen von Geld vergeudet, das mit Vernunft, hier auf der Erde, viel besser eingesetzt werden könnte.

Die Coronapandemie

Am 11. März 2020 rief die WHO (World Health Organization) die Virusinfektion Covid-19 zur weltweiten Pandemie aus. Verunsicherung, Verwirrung und Ängste machten sich breit, wozu auch die Medien ihren Teil beitrugen. Strenge Bestimmungen wurden erlassen. Viele Länder führten einen „Lockdown" ein, bei dem die Wirtschaft fast zum erliegen kam. Abstand halten und Maskenpflicht in öffentlichen Räumen, sowie Corona-Tests mit Meldepflicht waren obligatorisch, um mögliche „Cluster" ausfindig zu machen. Viele Menschen mussten in die Krankenhäuser gebracht werden, die teilweise völlig überlasten waren. Der Zulauf zu den Impfstationen, der schleppend begann, stieg durch gezielte Propaganda enorm an. In Österreich kam Serum von AstraZeneca, Johnson&Johnson, Moderna, hauptsächlich aber von Biontech/Pfizer zum Einsatz. Die EU schloss mit dem US-Konzern einen Liefervertrag über 1,8 Mrd. Dosen ab.

Am 5. Mai 2023 erklärte die WHO die Notlage jedoch für beendet, worauf die einschneidenden Maßnahmen überraschend schnell aufgehoben wurden und die „Normalität", mit all ihren leider auch negativen Erscheinungen, schnell wieder eintrat. Das Corona-Virus ist nicht besiegt, aber heute kaum mehr ein Thema. Obwohl immer wieder Infektionen vorkommen, hat die Öffentlichkeit ihr Interesse an der Sache verloren. Rund ein Jahr nach der offiziellen Beendigung dieser

weltweiten Krise, die durch ein Virus, das ähnliche Symptome wie bei einer Grippe hervorruft, ausgelöst wurde, kann man folgendes Resümee ziehen:
Weltweit erkrankten ca. 690 Mio. Menschen, von denen leider ca. 6,9 Mio., fast 1%, starben. Viele, besonders Alte und Schwache, litten unter den auferlegten Maßnahmen durch Vereinsamung. Streit in den Familien, häusliche Gewalt und Selbstmorde nahmen zu. Manche Politiker und auch Mediziner meinten, dass die verhängten Maßnahmen völlig überzogen waren, denn Corona sei kaum gefährlicher als z.B. die bekannte Influenza. Die ganze Impfkampagne sei letztlich ein kaum wirksamer Flop geworden, jedoch für die Pharmakonzerne ein gutes Geschäft. Deutschland kostete die Corona-Krise 440 Mrd. EURO, Österreich 40 Mrd. Aus dem EU-Solidaritätsfonds wurden 385.5 Mio. EURO an die Mitgliedstaaten ausgeschüttet.
Positiv bemerken möchte ich, dass eine Erholung der Natur in manchen Bereichen festgestellt werden konnte. Die Luft und auch die Wasserqualität der Meere verbesserten sich deutlich und aus den Nachrichten war zu vernehmen, dass sich in der Lagune von Venedig Scharen von Delphinen getummelt haben.
Viele besonnene Menschen, vor allem entschiedene Christen, beteten um Einsicht der Verantwortungsträger aus Politik und Wirtschaft, Landwirtschaft, Tourismus, Sport etc. rund um den Globus, endlich aufzuwachen und die Fehlentwicklungen, die heute nahezu in allen Bereichen vorhanden sind, zu erkennen und

eine Neuausrichtung einzuleiten. Gott möge in seiner Langmut die Möglichkeit schenken, das menschliche Streben auf ein vernünftiges Maß einzupendeln, welches das Leben lebenswert erhält und die Natur, die wir alle brauchen, nicht zerstört. Jede Krise birgt ja auch immer eine Chance in sich.
Im Nachhinein muss jedoch mit Wehmut konstatiert werden, dass diese Chance vertan wurde und die Zerstörung der Erde unvermindert vorangetrieben wird. Das Buch der Offenbarung, Kap. 11, Vers 18, sagt uns: „Gott wird den Lohn geben seinen Knechten und die vernichten, die die Erde vernichten." Das soll uns Trost sein, so schrecklich es ist!

Das chaotische Geschehen, das Menschen rund um den Globus inszenieren, zeigt uns wie verheerend die Folgen der Sünde sind. Da sind wir alle mit eingebunden, jeder Mensch, auch der beste - ohne Ausnahme. Sünde ist Trennung von Gott und ihre Auswirkung ist wie ein Bumerang, sie trifft den Verursacher selber. Gott muss nicht strafen, obwohl er könnte. Der Mensch straft sich selbst. Die Bibel sagt dazu: Was der Mensch sät, das wird er ernten. Doch weiter sagt sie: Gott liebt den Menschen trotz allem, jeden einzelnen - auch ohne Ausnahme.
Der unerlöste, oft ahnungslose Mensch, weiß - zumindest unbewusst - um seine Schuld und dass er nicht ewig hier auf Erden bleibt, deshalb hat er eine Heiden-Angst vor Krankheit und besonders vor dem

Sterben. Was kommt danach? Muss ich womöglich Rechenschaft ablegen für das, was ich getan habe? So sucht er verzweifelt irgendwie Halt in der Welt, obwohl gerade sie völlig instabil ist. „Die Welt vergeht und ihre Begierden, wer aber den Willen Gottes tut, der bleibt in Ewigkeit" (1. Joh. 2, 17).

Hier möchte ich die häufigsten allgemeinen Todesursachen nennen: An erster Stelle stehen Abtreibungen mit über 42 Millionen Ungeborener jährlich, wobei 47.000 Frauen zusätzlich dabei sterben. Anzumerken ist, dass diese Todesursache von den Behörden nicht gewertet wird, weil Ungeborene nicht als Menschen gerechnet werden.
In der Plenarsitzung des Europäischen Parlaments, vom 10. bis 11. April 2024, in Brüssel, forderten Abgeordnete, das Recht auf Abtreibung in die Charta der Grundrechte der Menschen in der EU aufzunehmen. Terry Reintke, Fraktionschefin der Grünen im EU-Parlament sagte: „Das Recht auf „sicheren" Schwangerschaftsabbruch gehört als Grundrecht in die EU-Charta!" Kurz zuvor hatte Frankreich, als 1. Land der Welt, das Recht auf Abtreibung in seine Verfassung aufgenommen. „Freiheit" zur Abtreibung muss garantiert sein! Ist diese Welt nicht längst gerichtsreif? Ich frage mich, wie lange Gott diesem frevelhaften Treiben noch zusehen wird. Die Vergeltung wird über die Menschheit kommen wie „ein Dieb in der Nacht".
Es folgen Tod durch:

Hunger mit ca. 30 bis 40 Millionen Menschen,
Herz- Kreislauferkrankungen 15 Millionen,
Krebs 10 Millionen,
Rauchen 7 Mio.,
Alkohol 3 Mio.,
Verkehrsunfälle 1,4 Mio.,
Malaria 1 Mio.,
Selbstmord 800.000,
Influenza 650.000,
Drogen 590.000,
Morde und kriegerische Handlungen über 500.000.

Derzeit leben auf unserem Globus gut 8 Milliarden Menschen. Irgendwann geht das Leben ohne Ausnahme, durch unterschiedliche Ursachen, zu Ende. Rund 55 Millionen sterben jährlich weltweit. Doch mit einem Geburtenzuwachs von derzeit 78 Millionen pro Jahr werden die Abgänge nicht nur kompensiert, sondern deutlich übertroffen. Die Vereinten Nationen erwarten bis zum Jahr 2050 eine Erdbevölkerung von rund 10 Milliarden Menschen. Man weiß nicht, wie sie ernährt und gesundheitlich versorgt werden können, geschweige denn wie ihnen Bildung, Arbeit und Lebenssinn vermittelt werden sollen.

Die Zeit ist weit fortgeschritten, das beweisen die „Zeichen der Zeit", dazu gehört auch die Covid-19 Pandemie, genauso wie die Kriege und Unruhen (Lk. 21, 11). Kein Mensch wird die Probleme der Welt, die erschreckend zunehmen, jemals in den Griff bekommen, denn es ist erst der Anfang. Es ist nicht so, wie wir es uns wünschen, dass alles irgendwann wieder gut wird. Die Menschheit steht mit ihrem Weltsystem und den daraus resultierenden Problemen vor einer Katastrophe ungeheuren Ausmaßes. Niemand ist in der Lage sie abzuwenden. Kein Mensch kann die Welt oder sich selbst retten, aber es gibt einen, der uns herausretten kann und will aus dieser Welt und aus unserem eigenen Dilemma. Es gibt nur eine Hoffnung:

„Ich bin der gute Hirte.
Ich kenne meine Schafe und meine Schafe kennen mich."
(Joh. 10, 14)

Die Rettung

Dazu vorerst eine Geschichte: Nahe eines Waldes sollte die Strasse verbreitert werden. Leider befand sich an einer Stelle ein großer Haufen von Waldameisen, kunstvoll erbaut. Ein paar tausend krabbelten emsig darauf herum. Sie alle waren dem Verderben ausgeliefert - doch das wussten sie nicht. In einigen Tagen würden Schubraupen alles einebnen. Wie könnte ich die Ameisen warnen? Rufen, schreien, winken würde nichts nützen - ich müsste eine von ihnen, eine Ameise werden, dann könnte ich mit ihnen reden und sie warnen. Würden sie dann auf mich hören, mir glauben und umziehen? Sicher könnte ich mich für manche als Retter erweisen.

Diese Geschichte ist anspruchslos gegenüber der Rettungstat Jesu an der Menschheit und doch sagt sie etwas aus zu seiner notwendigen Menschwerdung.

Die Bibel führt uns Gottes Diagnose über die Menschheit vor Augen: „Es ist keiner gerecht, auch nicht einer. Es ist keiner, der verständig ist, der nach Gott fragt. Sie sind alle abgewichen, sie taugen alle zusammen nichts, da ist keiner, der Gutes tut. Ihre Kehle ist ein offenes Grab, mit ihren Zungen betrügen sie, ihr Mund ist voll Fluchen und Bitterkeit, ihre Füße sind rasch zum Blutvergießen, Verwüstung und Elend bezeichnen ihre Bahn und den Weg des Friedens kennen sie nicht. Es ist keine Gottesfurcht vor ihren Augen."

123

Sünde ist ja nicht primär ein moralischer Begriff. Sünde ist ein Lebensstil, der Gott unberücksichtigt lässt - leben als ob es Gott nicht gäbe. Dazu sagt er in seinem Wort (Röm. 6, 23): „Der Lohn der Sünde ist der Tod". Und da der Schreiber (Paulus) um das sündhafte Wesen des Menschen weiß und sich selbst nicht ausnimmt, ruft er beinahe verzweifelt (Röm. 7, 24-25 und 8, 1-2): „Ich unglückseliger Mensch, wer wird mich erlösen von diesem Todesleib (aus dieser Gefangenschaft befreien)? Ich danke Gott für Jesus Christus, unseren Herrn! Denn es gibt keine Verurteilung mehr für die, welche in Jesus Christus sind (d.h. an ihn glauben und ihm folgen), die nicht nach ihren Begierden leben, sondern sich von seinem Geist leiten lassen. Der Geist des Lebens in Jesus Christus hat uns frei gemacht von dem Gesetz der Sünde und des Todes." Somit wird der obige Satz befreiend gleich folgend ergänzt: „... die Gnadengabe Gottes aber ist ewiges Leben in Jesus Christus." (Röm. 6, 23).

Die Heraus-Rettung geschieht auf geistiger Basis. Sie ist eine Sache des Glaubens und wirkt sich dann auf alle Bereiche des Lebens aus. Dazu ist das ernsthafte Wollen des Einzelnen nötig, denn Gott tut nichts gegen unseren Willen. Das Angebot Gottes, unseres Schöpfers, ist für jeden Menschen gültig, ohne Ansehen der Person, auch nicht der Lebensumstände, arm oder reich, gesund oder krank, alt oder jung, an jedem Ort, zu jeder Zeit.

Die Sünde ist ein menschliches Prinzip, dem sich keiner entziehen kann. Hingegen ist die Gnade ein göttliches Prinzip, das für alle gilt, die es annehmen. Ist das nicht umwerfend? Hier wird Gottes unbegreifliche Liebe zu uns Menschen deutlich: Wir haben nichts verdient, bekommen aber alles geschenkt. Ein Narr, der es verwirft!

Wie funktioniert das im Detail?
Gott ist heilig - der Mensch aber ist sündig. Folglich kann dieser erhabene, heilige Gott nicht einfach beide Augen zudrücken, denn niemals könnte er sich mit Sünde identifizieren. Aber weil seine Liebe zu uns Menschen so unbegreiflich groß ist und er uns von dieser Todeslast befreien möchte, nimmt er selbst alle unsere Schuld, unsere Vergehen und Verbrechen auf sich - in der Gestalt seines Sohnes.

„Ich bin die Auferstehung und das Leben. Wer an mich glaubt, wird leben, auch wenn er stirbt. Glaubst du das?"
(Joh. 11, 25)

Der Sohn Gottes

Jesus im Alten Testament

Wir haben gesehen, dass Jesus gleich zu Beginn der Bibel, in der Schöpfungsgeschichte, vorkommt, allerdings verschlüsselt. Gott weiß um die fatale Auswirkung der Sünde, deshalb fasste er gleich nach dem Sündenfall den Plan, seinen Retter in die Welt zu senden, wie schon erwähnt (1. Mose 3, 15). Damit handelt es sich um die erste Prophetie über Jesus Christus im AT, von denen es noch weitere 330 gibt. Viele alttestamentliche Vorhersagen, die sich auf Jesus beziehen sind so eindeutig, dass man sie schwerlich anders deuten könnte. Auf keine andere Person der Weltgeschichte würden sie passen. Die vier Propheten des Alten Testaments, die ich hier angebe, lebten in einem Zeitraum zwischen den Jahren 1.000 und ca. 500 vor Christi Geburt. Jesaja und Micha waren Zeitgenossen, ob sie sich aber kannten, weiß ich nicht. Ich möchte nun 10 dieser Weissagungen hervorheben, die durch das Kommen Jesu auf die Erde erfüllt wurden:

1) Micha 5,1: „Du Bethlehem in Ephrata, du bist zwar klein, um unter den Hauptorten Judas zu sein; aber aus dir soll mir hervorgehen, der Herrscher über Israel werden soll, dessen Ursprung von Anfang der Ewigkeit her gewesen ist."

Dazu die Entsprechung im NT, bei Matthäus, Kapitel 2, Vers 1: „Jesus wurde zur Zeit des Königs Herodes in Bethlehem, einer Stadt in Judäa, geboren." (Siehe auch Lk. 2, 1-7).

2) Jesaja 7, 14: „Darum wird euch Gott selbst ein Zeichen geben: Die Jungfrau wird empfangen und die Mutter eines Sohnes werden, der wird Immanuel heißen (Gott mit uns)."
Und Jes. 9, 5: „Denn uns ist ein Kind geboren, ein Sohn ist uns gegeben und die Herrschaft kommt auf seine Schulter. Man nennt ihn Wunderrat, starker Gott, Ewigvater, Friedefürst."
Dazu Lukas 1, 26-38, im NT: Hier wird berichtet, wie ein Engel zu Maria kommt und ihr einen Sohn ankündigt. Maria antwortet: „Wie kann das sein, da ich von keinem Manne weiß?" Der Engel sagt: „Der Heilige Geist wird über dich kommen und die Kraft des Höchsten wird dich überschatten. Darum wird das Heilige, das geboren wird, Gottes Sohn genannt werden."

3) Jesaja 40, 3: „Eine Stimme ruft, in der Wüste bereitet den Weg des Herrn, ebnet auf dem Gefielde eine Bahn unserem Gott!" Darüber berichten alle vier Evangelisten. Ich zitiere Mat. 3, 1-3: „In jenen Tagen erscheint Johannes der Täufer und verkündigt in der Wüste von Judäa, und spricht: Tut Buße, denn das Reich Gottes ist nahe herbeigekommen! Das ist der, von dem geredet wurde durch den Propheten Jesaja."

4) Jesaja 49, 6: „Es ist zu gering, dass du mein Knecht bist, die Stämme Jakobs (Israel) aufzurichten und die Geretteten Israels wieder zu bringen. Darum will ich dich zum Licht der Heiden machen, dass du mein Heil seiest bis ans Ende der Erde."

NT, Apostelgeschichte (von Lukas verfasst) 13, 44-49. Paulus, der hier zum Völkerapostel berufen wird, verkündigt: „Wir wenden uns jetzt an die Nichtjuden (Heiden). Wir erfüllen damit den Auftrag, den der Herr (Jesus) uns gegeben hat. Er hat gesagt: Ich habe dich zum Licht für alle Völker gemacht. Du sollst das Heil bis an die Enden der Erde bringen." Als die Nichtjuden das hörten brachen sie in Jubel aus und priesen den Herrn für diese Botschaft.

5) Jes. 11, 1-3: „Es wird ein Spross aus dem Stumpf Isais (Vater König Davids. Jesus wurde auch Sohn Davids genannt) hervorgehen und ein Schoss aus seinen Wurzeln hervorbrechen. Auf dem wird ruhen der Geist des Herrn, der Geist der Weisheit und des Verstandes, der Geist des Rats und der Stärke, der Geist der Erkenntnis und der Furcht des Herrn. Und sein Wohlgefallen wird er haben an der Furcht des Herrn, er wird nicht nach dem Augenschein richten, noch nach dem Hören."

Markus 1, 9-11: „In jener Zeit kam auch Jesus aus Nazaret in Galiläa zu Johannes und ließ sich im Jordan von ihm taufen. Als er aus dem Wasser stieg, sah er, wie der Himmel aufriss und der Geist Gottes wie eine Taube auf ihn herab kam. Und aus dem Himmel sprach eine Stimme: Du bist mein geliebter Sohn, an dir habe ich Freude."

6) Jes. 61, 1 und 2: „Der Geist Gottes, des Herrn, ist auf mir, weil er mich gesalbt hat, um den Elenden gute Botschaft zu verkündigen; er hat mich gesandt, zerbrochene Herzen zu verbinden, den Gefangenen Befreiung zu predigen, den Gebunden Öffnung der Kerkertüren; zu predigen ein Gnadenjahr des Herrn und einen Tag der Rache unseres Gottes, zu trösten alle Traurigen."
Dazu Lukas 4, 17-21: „Jesus wurde in der Synagoge die Buchrolle des Propheten Jesaja gereicht, um daraus vorzulesen. Er fand die Stelle, wo geschrieben steht: Der Geist des Herrn ist auf mir, weil er mich gesalbt hat, den Armen frohe Botschaft zu verkünden; er hat mich gesandt zu heilen, die zerbrochenen Herzens sind, Gefangenen Befreiung zu verkündigen und den Blinden, dass sie wieder sehend werden, Zerschlagene in Freiheit setzen; zu verkündigen das angenehme Jahr des Herrn. Er rollte das Buch zusammen, gab es dem Diener wieder und setzte sich, und aller Augen in der Synagoge waren auf ihn gerichtet. Er aber fing an, ihnen zu sagen: Heute ist diese Schrift erfüllt vor euren Ohren!"

7) Sacharja 9, 9: „Frohlocke sehr, du Tochter Zion, jauchze, du Tochter Jerusalem! Siehe, dein König kommt zu dir, ein Gerechter und ein Retter ist er, demütig und reitet auf einem Esel, auf dem Füllen der Eselin." Auch davon lesen wir in allen vier Evangelien. Ich hebe Johannes 12, 12-15 hervor: „Am nächsten Tag hörten die Menschen, die in großer Zahl zum Passafest gekommen waren, dass Jesus auf dem Weg nach Jerusalem war. Mit Palmzweigen in der Hand zogen sie zur Stadt hinaus, um ihn zu empfangen. Gepriesen sei Gott, riefen sie. Gesegnet sei er, der im Namen des Herrn kommt, der König von Israel! Jesus ritt auf einem jungen Esel, den man ihm gebracht hatte."

8) Jes. 53, 3-7: „Verachtet war er und verlassen von den Menschen, ein Mann der Schmerzen und mit Krankheit vertraut, wie einer vor dem man das Angesicht verbirgt, so verachtet war er und wir achteten seiner nicht. Doch wahrlich, unsere Krankheit trug er und unsere Schmerzen lud er auf sich. Wir aber hielten ihn für bestraft, von Gott geschlagen und geplagt, aber er wurde durchbohrt, um unserer Übertretung willen, zerschlagen wegen unserer Missetat. Die Strafe, uns zum Frieden, lag auf ihm und durch seine Wunden sind wir geheilt. Wir gingen alle in der Irre wie Schafe, ein jeder wandte sich auf seinen Weg, aber der Herr warf unser aller Schuld auf ihn. Da er misshandelt ward, beugte er sich und tat seinen Mund nicht auf, wie ein Lamm, das zur Schlachtbank geführt wird, und wie ein Schaf, das vor seinem Scherer verstummt und seinen Mund nicht auftut."

Markus 15, 2-5: „Pilatus fragte Jesus: Bist du der König der Juden? Du selbst sprichst es aus, erwiderte Jesus. Die führenden Priester brachten nun viele Beschuldigungen gegen ihn vor. Da wandte sich Pilatus noch einmal an ihn: Hast du darauf nichts zu sagen? Siehst du nicht, was sie dir alles vorwerfen? Doch zu seinem Erstaunen gab Jesus keine Antwort mehr."

9) Jes. 53, 12: „Darum will ich ihm unter den Großen seinen Anteil geben und er soll Starke zum Raube erhalten, dafür dass er seine Seele dem Tod preisgegeben hat und sich unter die Übeltäter zählen ließ und die Sünden vieler getragen und für die Übeltäter gebetet hat!" Lukas berichtet im Kapitel 23, Verse 32-38, über die Kreuzigung Jesu: „Als sie an die Stelle kamen, die Schädel genannt wird, kreuzigten die Soldaten ihn und die beiden Verbrecher, den einen rechts und den anderen links von ihm. Jesus aber sagte, Vater, vergib ihnen, denn sie wissen nicht, was sie tun! Die Soldaten warfen das Los um seine Kleider und verteilten sie unter sich." (Psalm 22, 19).

10) Zur Auferstehung Jesu wird gerne Psalm 16, die Verse 10 und 11 herangezogen, den König David, in prophetischer Schau, geschrieben hat: „Denn du wirst meine Seele nicht dem Tod überlassen und nicht zulassen, dass dein Heiliger verwest. Du tust mir den Weg zum Leben kund; vor dir ist Freude in Fülle, Wonne zu deiner Rechten ewiglich."

Petrus und auch Paulus erkannten in Jesu Auferstehung die Erfüllung dieses Wortes, welches genauso Gültigkeit hat für alle Menschen, die Jesus nachfolgen. Einen wichtigen Bericht über die Auferstehung Christi, einem Kernstück des Evangeliums, gibt uns Paulus in seinem 1. Brief an die Korinther, Kap. 15. Ich zitiere die Verse 1-9 aus der NGÜ wie folgt: „Geschwister, ich möchte euch an das Evangelium erinnern, das ich euch verkündigt habe. Ihr habt diese Botschaft angenommen, sie ist die Grundlage eures Lebens geworden und durch sie werdet ihr gerettet - vorausgesetzt, ihr lasst euch in keinem Punkt von dem abbringen, was ich euch verkündet habe. Anderenfalls wärt ihr vergeblich zum Glauben gekommen! Zu dieser Botschaft, die ich so an euch weitergegeben habe, wie ich sie selbst empfing, gehören folgende entscheidenden Punkte: Christus ist - in Übereinstimmung mit den Aussagen der Schrift - für unsere Sünden gestorben. Er wurde begraben, und drei Tage danach hat Gott ihn von den Toten auferweckt - auch das in Übereinstimmung mit der Schrift. Als der Auferstandene hat er sich zunächst Petrus gezeigt und dann dem ganzen Kreis der Zwölf. Später zeigte er sich mehr als fünfhundert von seinen Nachfolgern auf einmal; einige sind inzwischen gestorben, aber die meisten leben noch. Danach zeigte er sich Jakobus (ein Halbbruder Jesu) und dann allen Aposteln. Als Letztem von allen hat er sich auch mir gezeigt. Ich war wie einer, für den es keine Hoffnung mehr gibt. Ja, ich bin der unwürdigste von allen Aposteln. Eigentlich verdiene ich es überhaupt nicht, ein Apostel zu sein, denn ich habe die Gemeinde Gottes verfolgt. Dass ich trotzdem ein Apostel geworden bin, verdanke ich ausschließlich der Gnade Gottes."

Soweit einige Prophetien aus dem Alten Testament und ihre Bestätigungen im Neuen Testament, welches viele Jahrhunderte später verfasst wurde - und zwar wieder von unterschiedlichen Autoren.

Jesu Kommen auf die Erde

Manche Ankündigung eines Retters haben wir nun betrachtet. Dieser kam aber nicht irgendwann, sonder zu einem ganz bestimmten, festgesetzten Zeitpunkt, dem Kairos Gottes.

In der deutschen Sprache kennen wir nur eine Zeitform, nämlich den Chronos. Im Griechischen hingegen gibt es noch zwei weitere: Kairos und Aorist.

Chronos, das ist die vergängliche, unaufhörlich ablaufende Zeit, die wir auf der Uhr (Chronometer) ablesen. In dieser Zeit, in die wir unausweichlich eingebunden sind, ist alles vergänglich. Sie steht für uns Menschen nur im Augenblick zur Verfügung.

Heinrich Kemner, deutscher Erweckungstheologe, drückt es so aus: „Chronos ist die Zeit als Summe der Momente einer linearen Bewegung im Raum."

Eine landläufig wenig bekannte Bezeichnung einer anderen Zeitform finden wir in der Bibel, wenn Gott in die Zeit (Chronos) eingreift, um sein heilsgeschichtliches Handeln in der Menschheitsgeschichte zu steuern. Es handelt sich dabei um den Kairos, der an allen Punkten den Chronos umfasst, d. h. seine Auswirkung umspannt alle Chronos-Zeit.

„Als die Zeit erfüllt war (Kairos), sandte Gott seinen Sohn ..." (Galater 4, 4). Dabei handelt es sich um ein Geschehen, das sich in Vergangenheit, Gegenwart und Zukunft auswirkt, bis hinein in die Ewigkeit und zwar für alle Menschen.

Gottes Handeln in seiner für uns unfassbaren Weisheit ist faszinierend, denn er hat die perfekte Zeit mit den damals lebenden Menschen, die er haben wollte, gewählt.

Jesus kam aus der Ewigkeit, geboren von einer Jungfrau, zu seinem Volk Israel, das von Heiden (Römer) umgeben war. Josef war nicht sein Vater, nur Ziehvater. Er wurde von Gott, dem Geist, gezeugt, deshalb nannte er diesen seinen Vater, was für die Juden damals eine unerhörte Anmaßung darstellte.

Der dreieinige Gott hat auch die beste Frau für die Geburt seines Sohnes ausgewählt, genau zu dieser Zeit. Eine Jungfrau voll Liebe und Gehorsam ihm gegenüber. Ca. ein halbes Jahr zuvor kam Johannes, der Täufer, zur Welt. Der letzte Prophet des AT, der durch seinen Aufruf das Kommen des Messias ankündigte und alle Israeliten zur Buße (Umkehr) rief. Dadurch wurde der Weg zu Jesus geebnet, der Gottes Willen für ein ihm wohlgefälliges Leben, in einer nie zuvor gehörten Weisheit und Liebe predigte. Das Volk sagte: „Er predigt mit göttlicher Vollmacht, nicht so wie die Pharisäer" (Mat. 7, 29). Dazu heilte er alle Kranken, die man zu ihm brachte - auch am Sabbat - was die Gesetzeshüter derart aufbrachte, dass sie ihm nach dem Leben trachteten, obwohl sie ihn als den erwarteten Messias hätten erkennen müssen.

Wäre Jesus nicht vom Heiligen Geist gezeugt worden, sondern von einem Menschen, wäre er selbst nur ein Mensch gewesen, mit aller menschlichen Sündhaftigkeit und hätte niemals für andere Sünder Sühne leisten und Vergebung erwirken können. So aber ist er Mensch und Gott in einem. Er nannte sich selbst den Menschensohn, weil er als Mensch von einem Menschen (seiner Mutter Maria) geboren wurde, als diese noch keine eheliche Gemeinschaft mit ihrem Verlobten Josef gehabt hatte. Das gibt uns den Beweis seiner Göttlichkeit und lässt uns die Notwendigkeit und den Sinn seiner Jungfrauengeburt erkennen. (Vermerk am Rande: Maria ist nicht Jungfrau geblieben).
Niemals dürfen wir eheliche Geschlechtlichkeit als Sünde ansehen, aber wir dürfen auch erkennen, dass die Göttlichkeit des Sohnes Gottes nicht anders möglich wäre. Ohne seine Zeugung durch Gott selbst wäre Jesus ein normaler Mensch und könnte niemals andere Menschen erlösen. Er wäre dann bestenfalls ein außergewöhnlich „guter" Mensch, aber niemals ein Erretter

aus Sünde und Tod. Deshalb ist die Jungfrauengeburt eine tragende Säule des Glaubens als Christ.

Im Judentum gibt es von alters her die Überlieferung, dass wenn der Messias kommt, er drei Zeichen tun müsste, die kein anderer jemals vollbringen könnte, um damit seine Göttlichkeit unter Beweis zu stellen. Die drei messianischen Wunder:
1) Die Heilung eines jüdischen Aussätzigen
   (Mt. 8, 2-4; Mk. 1, 40-42; Lk. 5, 12-14).
2) Die Austreibung eines Dämons
   aus einem Stummen (Mt. 12, 22 u. 23).
3) Einen Toten nach drei Tagen auferwecken
   (Joh. 11, 38-52).
(Aus dem Buch „Das Leben des Messias" Zentrale Ereignisse aus jüdischer Perspektive von Arnold G. Fruchtenbaum).

Alle diese Wunder und noch viele andere vollbrachte Jesus, dass alle nur staunten.
Jesu Wirken auf Erden betrug 2 ¼ Jahre, von seiner Taufe bis zur Kreuzigung. In dieser kurzen Zeit vollbrachte er Dinge, deren Auswirkung weltgeschichtlich einzigartig ist und sie geht weiter.
Trotzdem lehnte ihn die vorherrschende religiöse Führung des Volkes, die auch die politische Macht innehatte, ab und nötigte die Justiz der römischen Besatzung, ihn zu kreuzigen. Diese Hinrichtungsmethode wurde damals von den Römern praktiziert und

wäre Jesus zu einer anderen Zeit gekommen, wäre eine Kreuzigung nicht möglich gewesen. Aber Gott wollte der Welt, als ewiges Zeichen der Vergebung durch seinen Sohn, das Kreuz, vor Augen stellen. Wir müssen dabei bedenken, dass es in keiner einzigen Religion der ganzen Welt Vergebung von Schuld gibt. Es gibt nur Rituale und Opfer, die Götter (Götzen) gnädig stimmen sollen, wobei nie Gewissheit erlangt werden kann. Vergebung von Sünde und Schuld gibt es nur durch den Glauben an Jesus Christus und an das, was er für uns Sünder getan hat. Vergebung und Befreiung von allem Ballast und quälender Schuld darf nun jeder Mensch für sich persönlich in Anspruch nehmen. „Es ist vollbracht!" Jesus hat mit seinem Tod alle Schuld bezahlt, der Schuldschein ist zerrissen und ans Kreuz geheftet - ein für alle Mal. Niemand kann hier noch etwas hinzufügen! Das ist eine weitere Säule des christlichen Glaubens.

Durch den Glauben an Jesus Christus dürfen auch wir den allmächtigen Gott und Schöpfer, der in unzugänglichem Licht wohnt und den kein Mensch gesehen hat, unseren Vater nennen. Und der Herr Jesus nennt alle, die an ihn glauben, seine Brüder und Schwestern; sie gehören zur Familie Gottes, weil sie mit seinem Sohn im Geist verwandt sind.
Zur Familie Gottes zu gehören ist ein Vorrecht, das in seiner Fülle kaum zu begreifen ist. Doch Jesus selbst spricht uns diese Wahrheit zu: „Da kamen seine Brü-

der und seine Mutter (Maria bekam später noch mehrere Söhne und Töchter von Josef, ihrem Mann); sie blieben aber draußen (wegen der großen Volksmenge), schickten zu ihm und ließen ihn rufen. Und die Volksmenge saß um ihn her. Sie sprachen zu ihm: Siehe, deine Mutter und deine Brüder sind draußen und suchen dich. Er aber antwortete ihnen und sprach: Wer ist meine Mutter oder wer sind meine Brüder? Und indem er ringsumher die ansah, die um ihn saßen, sprach er: Siehe da, meine Mutter und meine Brüder! Denn wer den Willen Gottes tut, der ist mein Bruder und meine Schwester und Mutter." Das sind die wahren, geistlichen Verwandten Jesu.

Der Herr liebte seine irdische Familie, seine Mutter, seinen Ziehvater, seine (Halb)-Brüder und (Halb)-Schwestern. Keinesfalls wollte er sie herabsetzen, doch gab er uns zu erkennen, dass es etwas Höheres gibt, das über physische Bindungen und menschliche Zuneigung hinausgeht. Es ist das Wahre, das Eigentliche, das beim Vater im Himmel, in dem alle Vaterschaft vereint ist, letztlich zählt. In seiner grenzenlosen Liebe möchte er alle Menschen, die zu ihm kommen und seinen Willen tun, in seiner Familie vereinen. Und er tut es auch. Bist du dabei?

„Ich bin der Weg, die Wahrheit und das Leben;
niemand kommt zum Vater außer durch mich."
(Joh. 14, 6)

Jesu sieben „Ich-bin" Worte

Jesus sagte, dass Gott sein Vater ist, der ihn gesandt hat und dass er sein Leben lassen und danach auferstehen wird. Welcher Mensch könnte so etwas von sich behaupten? Er müsste verrückt sein oder es ist wahr, was er sagt. Die Historie und Erkenntnis offenbaren es uns.

Der Herr sprach mit göttlicher Weisheit und keines seiner Worte kann widerlegt werden. Es wurde nie ein falsches Wort in seinem Mund gefunden.

Besonders beeindruckend sind seine „Ich-bin" Worte, die der Apostel und Evangelist Johannes, ein Wegbegleiter Jesu, niederschrieb. Ich darf sie hier, der Reihe nach, wie folgt auflisten:

1) „Ich bin das Brot des Lebens" (Joh. 6, 28-35):
„Einige aus der großen Menschenmenge fragten ihn: Was für Dinge müssen wir denn tun, um Gottes Willen zu erfüllen? Jesus antwortete: Gottes Wille wird dadurch erfüllt, dass ihr an den glaubt, den er gesandt hat. Doch nun sagten sie: Wenn wir dir glauben sollen, dass du von Gott gesandt bist, dann lass uns ein Wunder sehen, das es uns beweist. Wo bleibt dieser Beweis? Damals in der Wüste haben unsere Vorfahren Manna gegessen, wie es ja auch in der Schrift heißt: Brot vom Himmel gab er ihnen zu essen. Jesus erwiderte, ich sage euch: Das Brot vom Himmel hat euch nicht Mose gegeben; es ist mein Vater, der euch das wahre Brot

vom Himmel gibt. Denn das Brot, das Gott gibt, ist der, der vom Himmel herabkommt und der Welt das Leben schenkt. Herr, sagten sie da zu ihm, gib uns immer von diesem Brot! Jesus antwortete: Ich bin das Brot des Lebens! Wer zu mir kommt, wird nie mehr hungrig sein und wer an mich glaubt, wird nie mehr Durst haben." Diese Tatsache haben Millionen Christen persönlich erfahren, auch ich.

2) „Ich bin das Licht der Welt" (Joh. 8, 12):
„Ein anderes Mal, als Jesus zu den Leuten sprach, sagte er: Ich bin das Licht der Welt, wer mir nachfolgt, wird nicht mehr in der Finsternis umherirren, sondern wird das Licht des Lebens haben."

3) „Ich bin die Tür" (Joh. 10, 9 u. 10):
„Ich bin die Tür. Wenn jemand durch mich eintritt, wird er gerettet werden. Er wird ein- und ausgehen und gute Weide finden. Der Dieb kommt nur, um die Schafe zu stehlen und zu schlachten und um Verderben zu bringen. Ich aber bin gekommen, um ihnen Leben zu bringen – Leben in ganzer Fülle." (Die „Schafe" sind wir Menschen).

4) „Ich bin der gute Hirte" (Joh. 10, 14-16):
„Ich kenne meine Schafe und meine Schafe kennen mich, genauso, wie der Vater mich kennt und ich den Vater kenne. Und ich gebe mein Leben für die Schafe. Ich habe auch noch Schafe, die nicht aus diesem Stall

sind. Auch sie muss ich herführen; sie werden auf meine Stimme hören und alle werden eine Herde unter einem Hirten sein."

Dieses prophetische Wort bezieht sich auf das Pfingstereignis, bei dem der angekündigte Heilige Geist auf Juden und Heidenchristen (Jesus-Gläubige aus seinem Volk Israel und aus den Völkern der Nationen) gleichermaßen ausgegossen wurde.

5) „Ich bin die Auferstehung und das Leben" (Joh. 11, 25): In Betanien lebte ein Mann namens Lazarus und seine zwei Schwestern Maria und Martha. Jesus war mit ihnen befreundet und kehrte oft bei ihnen ein. Einmal salbte Maria das Haupt des Herrn und trocknete mit ihrem Haar seine Füße. Als Lazarus schwer erkrankte riefen die Schwestern Jesus um Hilfe. Doch Lazarus verstarb bevor Jesus kam und wurde in ein Steingrab gelegt. Erst vier Tage später kam Jesus an und Martha sagte zu ihm: „Herr, wenn du hier gewesen wärst, wäre mein Bruder nicht gestorben!" Jesus sprach: „Dein Bruder wird auferstehen! Ich bin die Auferstehung und das Leben. Wer an mich glaubt, wird leben, auch wenn er stirbt. Und wer lebt und an mich glaubt, wird niemals sterben. Glaubst du das?" - „Ja, Herr" antwortete Martha, „ich glaube, dass du der Messias bist, der Sohn Gottes, der in die Welt kommen soll." Jesus ging zum Grab und betete zu seinem Vater, danach rief er mit lauter Stimme: „Lazarus, komm heraus!" Da trat der Tote heraus.

Hiermit vollbrachte Jesus eines der drei messianischen Wunder (wie oben erwähnt), die ihn klar als den gekommenen Retter, den Messias, auszeichneten.

Der Satz „Wer lebt und an mich glaubt, wird niemals sterben", gibt zu denken. Ja, sterben müssen wir alle, doch hat der Tod für die, die an Jesus und die Auferstehung glauben keine Macht. Das Sterben bedeutet nicht den Tod, es ist ein „Hinübergehen" in eine neue Welt, in ein unvergängliches Leben, in einer anderen Dimension. Damit werden die Grenzen von Raum und Zeit (Chronos) durchbrochen.

6) „Ich bin der Weg, die Wahrheit und das Leben! Niemand kommt zum Vater als durch mich" (Joh. 14, 6):
Irgendeinen „Gott" oder irgendwelche „Götter" findet man in den Religionen der Welt. Sie alle sind unnahbar und unpersönlich. Einen Gott als Vater haben wir nur durch Jesus Christus, der die Wahrheit in Person darstellt und uns den Weg zu ihm zeigt, und uns zu ihm führt - zu unserem Vater im Himmel.

7) „Ich bin der wahre Weinstock" (Joh. 15, 5):
„Ich bin der wahre Weinstock und ihr seid die Reben. Wenn jemand in mir bleibt und ich in ihm, trägt er reiche Frucht; ohne mich könnt ihr nichts tun." Die Rebe kann ohne am Stock zu bleiben nicht leben, sie wird verdörren. Ein Leben ohne Jesus ist ausgetrocknet und dürr, was sich oft erst im Alter zeigt. Es bringt keine Frucht zum ewigen Leben.

Diese Aussagen mögen für einen Menschen, der dem christlichen Glauben fern steht, zum Teil seltsam klingen. Doch darf jeder prüfen. Die Bibel lädt sogar dazu ein, während im Islam z.B. das Prüfen des Koran bei Strafe verboten ist. Bei Jesus hingegen muss niemand den Verstand ausschalten, sondern gut mitdenken, dann wird er staunend bemerken, dass sein Leben die Zusagen Jesu widerspiegelt, er wird Vertrauen gewinnen und sich mehr und mehr mit hineinnehmen lassen in ein neues Denken, eine neue Gesinnung.

Er trug die Strafe an unserer Statt

Dazu möchte ich eine Geschichte erzählen: In einem fernen Land wurde ein junger Prinz zum König ernannt. Er war ein rechtschaffener Mann mit den besten Vorsätzen, in Gerechtigkeit zum Wohl seines Volkes zu regieren. Doch nicht lange danach äußerten seine Minister den Verdacht auf Korruption, denn es ergaben sich Unregelmäßigkeiten bei der Verwaltung der Schatzkammer. Wer konnte dahinter stehen? Der König erließ ein Edikt, dass der Schuldige mit 50 Stockhieben zu bestrafen sei. Da fiel der Verdacht auf seine Mutter. Der Verdacht wurde zum Beweis und die Mutter gestand. Was sollte er nun tun? Um seiner Gerechtigkeit willen musste der König die Strafe einfordern, doch 50 Stockhiebe auf den Rücken seiner Mutter? Ein Berater meinte: „Wir müssen die Sache vertuschen!" Ein anderer sagte: „Du musst sie begnadigen!" Ein dritter wieder: „Recht muss Recht bleiben, du verlierst sonst dein Gesicht!" Der König ordnete den Strafvollzug an. Die Mutter wurde zum Richtplatz geführt, musste niederknien und ihren Rücken beugen. Der Richter gab den Befehl zum ersten Hieb. Da riss sich der König das Hemd vom Leib und warf sich über seine Mutter. Er nahm die Strafe auf sich, an ihrer Statt, die Untat war gesühnt, die Mutter frei.

Jesus befreit und verändert

Durch die Erfahrung der Auferstehung, die sie an ihrem Herrn und Meister Jesus hautnah erlebt hatten und durch den Empfang des Heiligen Geistes, wurden die Jünger von Grund auf verändert. Sie wurden zu unerschrockenen Zeugen ihres Herrn. Als sich Petrus und Johannes wegen der Heilung eines von Mutterleib an Gelähmten, vor dem Hohen Rat rechtfertigen mussten, traten sie auf wie gebildete, hochstehende Persönlichkeiten, die an Weisheit und Redegewandtheit die Schriftgelehrten und Pharisäer übertrafen, dass diese sich nur wunderten. Sie wussten nämlich um ihre Herkunft und dass sie einfache Leute waren. (Lies Apg. Kap. 3 ganz und Kap. 4, 1 bis 31).
Wer Jesus und sein Wort für sich persönlich erkennt und sein Vertrauen darauf setzt, wird ein anderer Mensch, neues Leben entsteht. Das hat heute genauso

Gültigkeit wie damals.

Samer, ein Muslim im Libanon, war ständig missmutig und misshandelte seine Frau. Er kümmerte sich nicht um seine Kinder und seine Familie.

Da begann ein beauftragtes Ehepaar einer Missionsgemeinschaft, die Familie zu besuchen. Sie saßen in dem einfachen, gemieteten Raum beisammen und lasen aus der Bibel vor. Aufgrund der Enge musste Samer zuhören, zeigte aber keinerlei Interesse.

Als im Oktober 2019 die Wirtschaftskrise im Libanon begann, gab es für Samer keine Möglichkeit mehr etwas Geld zu verdienen. Er war frustriert und gedemütigt, begann aber Interesse an der Bibel zu gewinnen. Bei jedem Besuch der Christen hatte Samer viele Fragen. Er wollte mehr über Jesus erfahren und ging dann sogar zum Gottesdienst. Dort wurde gesungen und gebetet, und sein Herz ging auf. Samer fand zum lebendigen Glauben an Jesus Christus. Seitdem veränderte sich sein Leben von Grund auf. Er kümmert sich jetzt um seine Frau und seine Kinder. Zum ersten Mal erlebten sie, dass ihr Vater ihnen Liebe entgegen bringt. Ende 2019 ließen sich Samer und seine Frau mit beiden Töchtern taufen. Nur Gott und sein Wort kann Menschenherzen verändern und uns aus der Finsternis zum Licht führen. (Ein Missionsbericht aus dem Libanon).

Silke wirkt fröhlich und selbstbewusst, ist im Job erfolgreich und bei ihren Kollegen beliebt. Niemand ahnt, dass sie süchtig ist. Nicht nach Alkohol oder

Drogen, sondern nach Essen. Zwanzig belegte Brote, eine Packung Butter, zwei Liter Cola und jede Menge Schokolade verdrückt sie zum Frühstück, um einige Minuten später wieder alles zu erbrechen.

19 Jahre lang leidet sie schon unter Bulimie, auch Ess-Brechsucht genannt. „Es war ein ständiges Maskentragen: Nach außen immer gut drauf, locker und unbeschwert - dazwischen Essen besorgen, heimlich die Massen verschlingen, unbemerkt erbrechen, schnell die Spuren beseitigen - und dann wieder lächeln und funktionieren." Silke spielt die Rolle perfekt - Freunde und Kollegen merken nichts von ihrem Doppelleben. Mit Essen tötet sie ihre Gefühle ab, so gründlich, dass sie irgendwann nichts mehr spürt. Weder Wut noch Trauer, auch keine Freude. „Ich konnte mich selber überhaupt nicht mehr wahrnehmen, ich hab mich angefasst und konnte mich nicht fühlen. Ich war ganz tief verzweifelt darüber, perfekt zu wirken und gleichzeitig zu wissen, dass in mir noch eine andere Person lebt, die ich verachte."

In ihrer Not flieht sie nach Kanada, in der Hoffnung, dort ihr Leben neu ordnen zu können. Die Familie, bei der sie unterkommt, erzählt ihr oft von Jesus. Sie hört aus Höflichkeit zu, bleibt aber auf Distanz. „Merkwürdig war nur, dass ich immer weinen musste, wenn sie von Gott sprachen. Ich hatte mich lange danach gesehnt, wieder echte Gefühle zu haben. Ich erahnte einen Funken Hoffnung und übergab bewusst mein Leben dem Herrn Jesus, damit diese Bulimie endlich aufhören möge. Ich wollte, dass er die Krankheit mit einem Fingerschnipp wegnimmt, aber das hat er nicht getan."

Zurück in Deutschland versucht Silke, die Sache in den Griff zu bekommen. Nach einem neuerlichen Essanfall weint sie die halbe Nacht, sie ist verzweifelt und will sich umbringen.

„Aber in dieser Nacht hatte ich das Gefühl, dass Jesus da ist und mich in die Arme nimmt."

Silke spürt, Gott ist da und er ermutigt sie, andere Menschen ins Vertrauen zu ziehen. So erzählt sie Freunden, was mit ihr los ist und erlebt, dass sie nicht verachtet wird. Beziehungen spielen fortan auf dem Weg zur Heilung eine große Rolle in Silkes Leben. Sie erkennt: Heilung hat viel damit zu tun, dass ich entdecke, wer ich bin und wer Gott ist. „Jesus war der Schlüssel. Zusammen mit ihm konnte ich die Sucht und ihre Hintergründe erkennen und dagegen angehen. Ich habe verstanden, dass er mich liebt und Ja zu mir sagt, trotz meiner Fehler." Eines Morgens wacht Silke auf und fühlt, dass Gott ihr sagt: „Es ist vorbei!" Seitdem hat sie keine Rückfälle mehr, sie kann normal essen. „Jesus hat nicht nur meine Ess-Störung beseitigt, er hat auch meine verletzte Seele geheilt."

(Nach einem Auszug aus dem Buch „Hof mit Himmel", vom Verlag NLB).

Makhmadamin wurde 1977 als ältester Sohn einer achtköpfigen muslimischen Familie in Tadschikistan geboren. In den Jahren nach dem Bürgerkrieg 1993

herrschte große Not im Land. Sein Vater starb sehr früh, mit 57 Jahren. „Ich versuchte Brot für die Familie aufzutreiben", berichtet Makhmadamin „und fing an zu stehlen. Bald wurde ich erwischt und zu einer Bewährungsstrafe verurteilt.
Von da an ging ich in die Moschee und sprach täglich alle vorgeschriebenen Gebete. Ich glaubte mit meinem sündigen Leben aufhören zu können, doch merkte ich bald, dass es mir unmöglich war mich von den Fesseln der Sünde zu befreien.
Einmal besuchte ich alte Schulfreunde und erzählte ihnen, dass ich gerade aus der Moschee komme. Sie luden mich zu ihren Eltern in eine Gebetsstunde ein, wo sie Lieder sangen, in denen Jesus gerühmt und verherrlicht wurde, und sie beteten auch zu ihm. Ich fragte mich, wer dieser Jesus sei und erfuhr aus dem Koran tatsächlich einiges über ihn, aber es war mir zu wenig und ich wollte von meinen Freunden mehr über ihn wissen. Das erfuhren meine Islamlehrer und drohten mir: Wenn du weiterhin diese Leute besuchst, wirst du aus der Moschee verstoßen! Doch das bewegte mich erst recht, mehr über Jesus zu erfahren. Meine Freunde luden mich in ihre Gemeinde ein und ich besuchte diese trotz vieler Schwierigkeiten mit meinen Eltern.
1996 bat ich Gott um Vergebung meiner Sünden und vertraute dem Herrn Jesus mein Leben an, was ich bis heute noch kein bisschen bereue. Ein Jahr darauf bezeugte ich durch die Taufe, dass ich für die Sünde gestorben bin und nun für Jesus Christus lebe.

Etwas später berief mich Gott in den Dienst für Waisenheime und Kinderfreizeiten.
1999 heiratete ich meine Frau Natalia und Gott schenkte uns fünf Söhne und eine Tochter. Seit 2013 bin ich in unserer Christengemeinde Ältester und meine Frau dient als Übersetzerin für Taubstumme.
Wir danken Gott für seine wunderbare Führung. Es ist unser besonderes Gebetsanliegen, dass auch alle unsere Verwandten zum Glauben an den Herrn Jesus kommen." (Nach einem Bericht vom Missionswerk Friedensbote).

Seit der Unabhängigkeit des Sudans im Jahr 1956 leiden die Frauen des Landes unter den Bestimmungen des Islam. Frauen sind dort lediglich halb so viel wert wie ein Mann. Ein Mitarbeiter unseres Teams sagt nun: „Es ist unsere Aufgabe als Christen, muslimischen Frauen und Mädchen, die zum Glauben an Jesus gefunden haben, Bildung zu vermitteln und sie im Glauben weiter zu führen. Viele Frauen haben ihre Männer in den Bürgerkriegen, die schon seit 30 Jahren andauern, verloren. Oft haben diese Witwen 5 bis 10 Kinder. Auch Jalila wurde von uns betreut. Sie ist eine Hafiza, d.h. eine Frau, die den ganzen Koran auswendig gelernt hat und wohnt neben Mariam, einer unserer Mitarbeiterinnen."
Einmal in der Woche führt Mariam in ihrer Wohnung eine Bibelstunde für Frauen durch. Dazu lud sie Jalila ein, die dieses Treffen besuchte. Eine Stelle bei Mat-

thäus 5, 6 beeindruckte sie sehr. Dort sagt Jesus: „Selig sind, die da hungert und dürstet nach der Gerechtigkeit, denn sie sollen satt werden." Eines Tages sagte sie dann zu Mariam: „Ich verbrachte mein ganzes Leben mit der Suche nach einer Quelle, die meinen Durst stillen kann. Jetzt fand ich diese Quelle bei Jesus. Ich werde immer bei ihm bleiben und ihn niemals mehr verlassen." Nachdem sie monatelang zusammen die Bibel studierten, nahm Jalila Jesus als ihren Herrn und Erlöser an.

Jalila war früher Koranlehrerin für Kinder. Sie unterrichtete auch Koranklassen für erwachsene Frauen. Diese Arbeit stellt sie nun ein. Sie sagte: „Von heute an werde ich nur von Jesus sprechen und nur über seine großen Taten berichten. Er ist mein Retter und Tröster. Er allein hat meinen Durst gestillt." (Aus einem Bericht der Karmelmission).

Auf dem größten Lebensmittelwochenmarkt in der sudanesischen Hauptstadt Khartum, gab eine Gruppe jugendlicher Christen den Passanten Ratschläge, wie sie sich vor Corona schützen können und desinfizierte ihnen die Hände. Die muslimische Bevölkerung staunte, denn die Christen wurden denunziert, Corona und die damit verbundene Wirtschaftskrise verursacht zu haben.

Bei dieser Aktion konnten über 400 Neue Testamente verteilt werden. Auch der Marktkommissar nahm eines an und begann auf der Stelle zu lesen. Später sag-

te er: „Ich habe euch Christen schon viel Schlimmes angetan. Uns wurde ja von Kindheit an beigebracht, euch zu hassen. Ich dachte immer, es sei meine Pflicht gegen euch vorzugehen, doch während der letzten Tage habe ich jeden Abend stundenlang das Evangelium gelesen. Die Geschichte von Zachäus hat mir sehr gut gefallen. (Lk. 19, 1-10 bitte lesen)!
Jesus macht aus Dieben und Räubern gute Menschen, ohne ihnen die Hände und Füße abzuhacken. Ich lerne aus dem Evangelium, dass die Liebe stärker ist als die Gewalt. Jesus ist ganz anders, seine Worte sind ganz anders als die Worte Mohammeds."

Jesus, der Messias

„Und es geschah, als er mit seinen Jüngern allein war, fragte er sie: Für wen halten mich die Leute? Sie antworteten: Für Johannes den Täufer, andere aber für Elia, und andere sagen, einer der alten Propheten sei auferstanden. Er aber sprach zu ihnen: Wer aber sagt ihr, dass ich sei? Da antwortete Petrus und sprach: Du bist der Christus Gottes! Er aber gebot ihnen, dass sie das niemandem sagen sollten und sprach: Der Menschensohn muss viel leiden und verworfen werden von den Ältesten und Hohepriestern und Schriftgelehrten und getötet werden und am dritten Tag auferstehen." (Lk. 9, 18-22 nach Luther).
Auch bei uns gibt es heute viele Meinungen über Je-

sus: Guter Mensch, Sozialreformer, Religionsstifter, Prophet, Märtyrer, Lehrer, Vorbild, Prediger, Seelsorger, Arzt, Nothelfer, Menschenfreund und sogar Hochstapler, Schwindler. Glücklich wer es weiß: Er ist der Sohn Gottes, der Christus, der Retter - auch dein Retter!?
Ich habe schon erwähnt, dass im AT mehr als 300 Prophetien enthalten sind, die sich auf Jesus Christus beziehen und ihre Erfüllung im NT finden. Auf keine andere Gestalt der Menschheitsgeschichte würden sie passen, hierfür käme niemand in Frage. Nicht der größte Wohltäter, der größte Herrscher, nicht der größte Erfinder, Denker, Arzt, Wissenschaftler - niemand.

Der Astronom und Mathematiker Dr. Peter Stoner kam in seinen Berechnungen zu folgendem Schluss: Wenn man nur acht biblische Prophezeihungen über Jesus auf einen anderen Menschen deuten wollte, stünde die Wahrscheinlichkeit dafür in einem Verhältnis von 1:10 hoch 17. Er vergleicht dies mit einem anschaulichen Beispiel: „Man nehme 100 Billiarden Silberdollarmünzen (Durchm. 38 mm), von denen eine gekennzeichnet ist, mische alles gut durch und verteile es auf einer Fläche von 691.000 km^2 (Größe v. Texas). Das ergäbe eine Bodendeckung von 60 cm Höhe. Jetzt soll ein Mensch mit verbundenen Augen versuchen die eine gekennzeichnete Münze zu finden. Die Chancen hierfür wären die gleichen als würde man nur acht

Prophetien für Jesus auf einen anderen Menschen beziehen." (Peter Stoner „Sience speaks").

Wenn man dabei die Generationen der Menschheit über mehr als 2000 Jahre und die Bevölkerungszahl der Erde, bis heute schon über 8 Milliarden Menschen, heranzieht, dann ist die Rechnung Dr. Stoners durchaus nachvollziehbar.

Ich habe weiter vorne das Beispiel für die Treffsicherheit eines Schützen durch das ganze Universum auf ein 1 Centstück beschrieben, welches die Unmöglichkeit einer Entstehung der Welt ohne Gott veranschaulicht. Ebenso unmöglich ist es diese eine Münze bei dem Beispiel Stoners zu finden. Das Fazit daraus: Gott ist der Schöpfer aller Dinge und Jesus, sein Sohn, der Messias, der von Gott gesandte Retter - der einzige!

Jesus kündigt sein Leiden an

Mk 10, 32-34: Jesus war mit seinen Jüngern am Weg nach Jerusalem. Er nahm die Zwölf beiseite und begann, ihnen zu sagen, was ihm widerfahren wird: „Seht, wir gehen hinauf nach Jerusalem und der Menschensohn wird den Hohenpriestern und Schriftgelehrten überliefert werden. Sie werden ihn zum Tod verurteilen und den Heiden (Römer) ausliefern. Die werden ihn verspotten, geißeln, anspucken und töten. Doch am dritten Tag wird er auferstehen."

Der Auferstandene hat sich Hunderten seiner Freunde

gezeigt, ist durch verschlossene Türen gegangen, hat mit ihnen geredet und sogar gegessen. Sein Leib war verwandelt, ein neuer, der Vergänglichkeit nicht unterworfener Leib wurde ihm gegeben und jeder Mensch, der an Jesus glaubt, ist hier mit hineingenommen.

Deshalb heißt es im Römerbrief, Kap. 6, 3-5: „Wisst ihr nicht, dass wir durch die Taufe (Glaubenstaufe) mit einbezogen worden sind in seinen Tod? Durch die Taufe sind wir mit Christus gestorben und sind daher auch mit ihm begraben worden. Weil nun aber Christus durch die unvergleichlich herrliche Macht des Vaters von den Toten auferstanden ist, ist auch unser Leben neu geworden. Das bedeutet: Wir sollen jetzt ein neues Leben führen. Denn wenn sein Tod gewissermaßen unser Tod geworden ist und wir auf diese Weise mit ihm eins geworden sind, dann werden wir auch im Hinblick auf seine Auferstehung mit ihm eins sein."

Erfahrungsgemäß drücke ich dies mit meinen Worten so aus: „Wenn ein Mensch für sich persönlich erkennt, wer Jesus ist und sich ihm anvertraut, dann hat das weit reichende Auswirkungen auf sein Leben - er kann nicht mehr der alte bleiben!

„Darum: Wenn jemand in Christus ist, dann ist er eine neue Schöpfung. Das Alte ist vergangen, etwas ganz Neues hat begonnen." (aus 2. Kor. 5, 17).

Und im 1. Brief an die Korinther (15, 53-55) heißt es: „Dieses Verwesliche muss Unverweslichkeit anziehen und dieses Sterbliche muss Unsterblichkeit anziehen.

Wenn aber dieses Verwesliche Unverweslichkeit anziehen und dieses Sterbliche Unsterblichkeit anziehen wird, dann wird das Wort erfüllt werden, das geschrieben steht: Der Tod ist verschlungen in den Sieg! Tod, wo ist dein Stachel? Totenreich, wo ist dein Sieg?"
Die Weichenstellung zu diesem neuen, ewigen Leben muss hier im Diesseits erfolgen!

Jesu Endzeitrede

Die Jünger fragten ihren Meister nach Zeichen, an denen sie erkennen könnten, wann das Ende kommen wird.
Darauf antwortete er ihnen (Lk. 21, 8-19): „Gebt Acht, lasst euch nicht irreführen! Denn viele werden unter meinem Namen auftreten; sie werden von sich sagen: Ich bin es! Und werden verkünden: Die Zeit ist da. Aber lauft ihnen nicht nach! Erschreckt auch nicht, wenn ihr von Kriegen und Unruhen hört. Diese Dinge müssen geschehen, bevor das Ende kommt. Aber es kommt noch nicht sofort danach."
Weiter sagte er zu ihnen: „Ein Volk wird sich gegen das andere erheben und ein Reich gegen das andere. Es wird schwere Erdbeben geben; Hungersnöte und Seuchen werden bald diese Gegend heimsuchen und bald jene. Furchtbare Dinge werden geschehen und am Himmel werden gewaltige Zeichen zu sehen sein. Aber noch bevor es zu all dem kommt, wird man mit

Gewalt gegen euch vorgehen und wird euch verfolgen. Man wird euch vor Gericht stellen und wird euch ins Gefängnis werfen; man wird euch vor Könige und Machthaber führen. Das alles wird man euch um meines Namens willen antun, und es wird für euch eine Gelegenheit sein, das Evangelium zu bezeugen. Meint nicht, ihr müsstet euch im Voraus zurechtlegen, wie ihr euch verteidigen sollt, denn ich selbst werde euch Worte in den Mund legen, denen eure Gegner nichts entgegenzusetzen haben. Ich werde euch Weisheit geben, der sie nicht widersprechen können. Sogar eure Eltern und Geschwister, eure Verwandten und eure Freunde werden euch verraten und manche von euch wird man töten. Um meines Namens willen werdet ihr von allen Menschen gehasst werden. Und doch soll kein Haar von eurem Kopf verloren gehen. Seid standhaft, dann werdet ihr das Leben gewinnen."

Dann weiter mit den Versen 25-28: „An Sonne, Mond und Sternen werden Zeichen zu sehen sein und die Völker auf der Erde werden in Angst und Schrecken geraten und weder aus noch ein wissen vor dem Toben der Wellen des Meeres. Die Menschen werden vergehen vor Angst und vor banger Erwartung dessen, was noch alles über die Erde kommen wird; denn sogar die Kräfte des Himmels werden aus dem Gleichgewicht geraten. Und dann werden sie den Menschensohn mit großer Macht und Herrlichkeit auf einer Wolke kommen sehen. Wenn diese Dinge zu geschehen beginnen, richtet euch auf und fasst Mut, denn dann ist eure Erlösung nahe." (Neue Genfer Übersetzung).

Und weiter 34-36: „Hütet euch vor einem ausschweifenden Leben („Fressen und Saufen" schrieb Luther treffend), vor übermäßigem (Wein)-Genuss und lasst euch nicht von den Sorgen des täglichen Lebens gefangen nehmen, sonst wird euer Herz abgestumpft und ihr werdet von jenem Tag überrascht werden wie von einer Falle, die zuschnappt. Denn er wird über alle Bewohner der Erde hereinbrechen. Seid wachsam und betet, ohne nachzulassen, damit ihr die Kraft habt, all dem zu entrinnen, was geschehen wird, und damit ihr bestehen könnt, wenn ihr vor den Menschensohn tretet."

In heutiger Zeit wird so viel und ausschweifend gefeiert, wie kaum jemals zuvor. Vom Stadtfest über Wein-, Zelt- und Parkfest bis zum Wald-, Wiesen- und Seefest sind der Fantasie keine Grenzen gesetzt. Dazu gesellen sich groß angelegte Events und Partys mit fragwürdigen Inhalten, die ganze Städte erfassen. Was treibt die Menschen zu dieser unsinnigen „Feierwut"? Parallel dazu greifen Sorgen und Ängste vor der Zukunft dramatisch um sich.

Jesus hat noch öfter über seine Wiederkunft und über das damit verbundene Ende dieses Weltsystems gesprochen. Aus der hier wiedergegebenen Endzeitrede möchte ich vier prägnante Dinge hervorheben:

1) Irreführung und Verfolgung (siehe auch Ideologien und Religion)

Die Irreführung bzw. Verführung ist eine Macht, die heute auf alle Menschen Einfluss ausübt. Darüber würde ich als Grundtenor folgendes Wort stellen: „Du musst alles haben, damit du glücklich bist. Glücklich bist du dann, wenn dein Wohlstand immer größer wird und du auf andere herabschauen kannst."

Alexander von Humboldt sagte so: „Wohlstand ist, wenn man mit Geld, das man nicht hat, Dinge kauft, die man nicht braucht, um damit Leute zu beeindrucken, die man nicht mag." Dieser Art von Irreführung sind Millionen und aber Millionen Menschen, besonders in der westlichen Welt, in den Industrienationen, verfallen. Damit einer geht die Tatsache, dass dadurch die Herzen abgestumpft werden und die Sorgen des Lebens zunehmen.

Auch auf ideologischer und spiritueller Ebene ist der Mensch einer noch nie da gewesenen Irreführung ausgesetzt. Die Angebote hiefür stürmen geradezu auf uns ein und sind in fast allen Bereichen des Lebens zu finden. Dabei denke ich unter anderem an fernöstliche Religionen, Esoterik, Yoga etc. bis hin zu okkulten Praktiken, die durchwegs als harmlos angesehen werden (z.B. Astrologie) und doch haben sie Macht, Menschen auf falsche Wege zu lenken, weg von Jesus Christus - in die Irre.

Die Verfolgung der Christen begann schon recht bald,

d.h. mit Jesu erstem Kommen in die Welt. (Siehe: Die Steinigung des Stephanus, weiter oben). „Haben sie mich verfolgt, werden sie auch euch verfolgen", sagte er seinen Jüngern wegweisend. Warum ist das so?

Jesus tat den Willen seines Vaters, mit Vollmacht in Wort und Tat, aber nicht so wie die politischen und religiösen Führer sich das vorstellten. Er war ein Fremdkörper in dieser Welt, die ihm mehr und mehr Hass entgegenbrachte.

Genauso geht es mit denen, die an ihn glauben und bedingungslos an seinem Wort festhalten.

Solche Kompromisslosigkeit ruft Ärger hervor, der zu Ablehnung und Hass führt. In dem Augenblick nämlich, in dem jemand zum lebendigen Glauben kommt, setzt Erfahrungswissen ein, d.h. der Betreffende weiß plötzlich, dass er die Wahrheit gefunden hat. Damit steht er diametral zur Prämisse dieser Welt, zu dem was in der Welt zählt. So stehen Christen unter dem Druck einer christusfeindlichen Welt, deren Tenor (bis heute) lautet: „Wir wollen nicht, dass dieser (Jesus Christus) über uns herrsche" (Lk. 19, 14).

Wir dürfen ja nicht vergessen, dass der „Fürst dieser Welt" der Gegenspieler Gottes ist, der alle Menschen auf seine Seite und damit ins Verderben ziehen möchte.

Nach Schätzungen von Open Doors Deutschland werden heute mehr als 300 Millionen Christen weltweit verfolgt. In mehr als 74 Ländern der Erde sind

Christen wegen ihres Glaubens von Misshandlungen, Folter, Vergewaltigung, Gefängnis oder Tod bedroht bzw. werden benachteiligt und diskriminiert. Leider geschieht das oftmals in solchen Ländern, in denen „unbekümmerte" Wohlstandsmenschen gerne Urlaub machen. In mindestens 50 Ländern der Erde - von 195 anerkannten Staaten - werden Christen massiv verfolgt (Lt. Weltverfolgungsindex 2021), wobei z.B. europäische Länder und andere, in denen Verfolgung auf latente Weise geschieht, nicht mitgerechnet sind. Alle Organisationen, die sich für verfolgte Christen einsetzen, sind sich einig: Christsein war noch nie so gefährlich wie heute!

Bei einer internationalen Konferenz in Budapest über Christenverfolgung, die auch mitten in Europa vorhanden ist, machte Viktor Orban dafür den religiösen, kulturellen und demografischen Wandel auf dem europäischen Kontinent verantwortlich. „Die einzige Sache, die Europa retten könne, sei die Rückbesinnung auf seine christlichen Werte und die Rückkehr zu seinen christlichen Wurzeln und seiner christlichen Identität", sagte der ungarische Ministerpräsident. Leider lässt sich eine solche Anschauung nicht mit der vorherrschenden Gesinnung der EU-Regierung vereinbaren. Er ist ihr ein Dorn im Auge und deshalb wird ihm autokratischer Führungsstil nachgesagt.

In Deutschland sind christliche Flüchtlinge - die ja hier Schutz suchen - in ihren Unterkünften Beschimpfungen, Repressalien, Morddrohungen und sexuellen Übergriffen durch (muslimische) Mitflüchtlinge und (muslimisches) Wachpersonal ausgesetzt. Die Christen werden eingeschüchtert, Übergriffe vertuscht. Die deutsche Regierung legt nicht wirklich Wert auf Darlegung und Aufdeckung der Hintergründe, sie dürfen nicht beim Namen genannt werden. (Angela Merkel: „Der Islam gehört zu Deutschland"). Studien zufolge wird diese Religion in einigen Jahrzehnten die Oberhand erlangt haben.

Die Europäische Union ist drauf und dran, die noch geltende Meinungs- und Redefreiheit für Christen einzuschränken. So wurde die finnische Parlamentsabgeordnete Päivi Räsänen angeklagt, weil sie sich vor einigen Jahren erlaubt hat, die offiziell vorgegebene Richtung zum Thema Sexualität, aus christlicher Sicht, zu kritisieren. Auch sie ist der Regierung ein Dorn im Auge, weil sie zu religionspolitischen Fragen immer wieder öffentlich Stellung nimmt. Es wird ihr „Hassrede" vorgeworfen.

In dem bevölkerungsreichsten Land der Erde, China, mit 1,4 Milliarden Menschen, besteht offiziell Religionsfreiheit. Doch Präsident Xi Jinping schränkt diese Freiheit mehr und mehr ein.
Nach einem Bericht der Österr. Bibelgesellschaft fordert die Regierung Parteimitglieder zur Denunziation auf. Finanzielle Anreize sollen Nichtgläubige motivie-

ren Hauskirchen und Hauskreise zu melden, die dann von der Polizei überwacht werden. So wird Misstrauen zwischen Christen und Nichtchristen gesät und werden Konflikte und Spannungen erzeugt. Für Parteimitglieder, Lehrer, Polizisten und Soldaten, sowie unter 18-Jährige ist die Teilnahme an christlichen Veranstaltungen streng untersagt. Rund um Kirchen und Gemeindehäuser sind Überwachungskameras und Polizeiposten allgegenwärtig. In China wird schrittweise die Entwicklung eines ideologischen Herrschaftssystems angestrebt, bei dem alle Fäden in den Händen des Präsidenten zusammenlaufen, dessen Amtszeit auf Lebzeit festgelegt ist.

Und doch! Heute wird z.B. in der Amity-Druckerei in Nanjing jede Minute 1 Bibel gedruckt. Dazu gibt es Übersetzungen auch in Minderheitensprachen des Landes. Alle christlichen Schriften werden reißend abgesetzt. Derzeit schätzt man in China ca. 60 Millionen Christen mit einem Neuzuwachs von ca. 1 Million pro Jahr. Das ist erstaunlich und bestätigt das Wort Jesu über seine Gemeinde: „Die Pforten der Hölle werden sie nicht überwinden" (Mt. 16, 18).

Den Grundstein zu dieser positiven Entwicklung legte der englische Missionar Hudson Taylor, der vor rund 160 Jahren, die China-Inland-Mission gründete. Er musste dazu mit Segelschiffen reisen und bei jeder Fahrt das Kap der Guten Hoffnung umfahren, was alleine schon jedes Mal ein Wagnis war. Er starb am 3. Juni 1905, in Changsha, in der Volksrepublik China.

2) Kriege und Unruhen
Im Jahr 2019 gab es weltweit 27 Kriege bzw. bewaffnete Konflikte. Davon war der Nahe Osten, besonders mit dem Bürgerkrieg in Syrien und im Irak, vor allem aber Afrika am stärksten betroffen. Nord- und Südkorea befinden sich seit 1953 im Kriegszustand und arabische Länder mit Israel seit 1948. Die Waffenlieferungen kommen aus westlichen und östlichen Industrieländern. Groß angelegte „Säuberungsaktionen" von islamistischen Terrororganisationen stehen im Vordergrund, die von den reichen Staaten der Golfregion finanziert werden. Die Terroranschläge in Europa, Amerika und Australien sind hier nicht berücksichtigt.

3) Erdbeben, Hungersnöte und Seuchen
Im 20. Jahrhundert wurden 1.044 Erdbeben auf der Erde gezählt. Alleine 2019 gab es 13 davon, mit einer Stärke von 8,6 bis 9,5 auf der Richterskala. Der Tsunami (Seebeben) in Indonesien, im Jahr 2004, ist vielen noch in bedrückender Erinnerung und manche von uns haben auch das schwere Erdbeben in Norditalien (Friaul) 1976, miterlebt.
Weltweit leiden 821 Millionen Menschen an Hunger, d.h. jeder zehnte hat nicht genug zu essen und jedes Jahr sterben 30-40 Mio. daran.
Vor 100 Jahren (1918-1920) wütete in Europa die Spanische Grippe, durch die schätzungsweise 50 Millionen Menschen ums Leben kamen. Dieser hohe

Verlust ist auch den Auswirkungen des 1. Weltkriegs zuzuschreiben, durch die die Menschen geschwächt waren. Immer wieder gab es durch Influenza, Diphtherie und Cholera mehr oder weniger lokale Epidemien, verschiedene Fieber, Schweinegrippe etc., bis 1980 HIV in manchen Gegenden der Erde auftrat. Ab 2002-2003 breitete sich SARS-CoV aus und seit 2014 gibt es das Ebola-Fieber in Westafrika.

Vor ca. 2 Jahren wurde erstmals bei afrikanischen Affen das Mpox-Virus nachgewiesen (Affenpocken). Eine neue Variante davon „Klade I" wütet derzeit in der Republik Kongo, wo bereits 14.000 Verdachtsfälle und mehr als 500 Todesopfer gemeldet wurden. Die Welt ist in Alarmbereitschaft, um eine Ausbreitung auf andere Kontinente zu verhindern. Wird es gelingen?

Eine bisher noch nie da gewesene Pandemie verursachte das Coronavirus SARS-CoV-2, welches von China ausgehend, in kürzester Zeit die ganze Welt erfasste.

Diese Dinge sind in der Lage die Menschheit in Angst und Schrecken zu versetzen und die Weltwirtschaft zu erschüttern und sogar lahm zu legen. Dabei ist kein einziger Mensch ausgenommen, alle sind direkt oder indirekt betroffen. Niemand hätte so etwas je für möglich gehalten.

Ich hatte vor vielen Jahren ein Gespräch mit einer Geschäftsfrau, bei dem wir uns über den Glauben unterhielten. Ich sagte ihr, dass der Glaube an Jesus Christus Halt geben könne, auch in schweren Zeiten, wenn alles andere wegbricht. Dabei dachte sie an die Wirtschaft, denn sie entgegnete: „Was glauben Sie, die Wirtschaft ist so stark, was soll da geschehen? Ich habe völliges Vertrauen!" Nun, wie schnell kann solches Vertrauen zunichte werden.

4) Angst und Schrecken machen sich breit. Bedrohungen von allen Seiten führen zu Verunsicherung und beeinträchtigen unser Gefühlsleben.
Der Psychoanalytiker Fritz Riemann, nennt die Grundängste des modernen Menschen, nämlich vor Veränderung, vor Nähe, vor Selbstwerdung und vor Endgültigkeit. Dinge, die der Einzelne nicht beeinflussen kann, er fühlt sich ausgeliefert.
Ist es nicht seltsam, dass genau diese Ängste durch das Corona-Virus und besonders durch die damit verbundenen Verordnungen massiv berührt wurden? Menschen haben zunehmend Angst und Misstrauen voreinander. Außerdem ist die Angst vor Terror und Krieg, Krankheit und Tod am häufigsten verbreitet. In Europa sind über 50% davon betroffen.
Jährlich nehmen sich etwa 800.000 Menschen weltweit das Leben. Durch die Coronakrise ging die Suizid-Kurve weiter nach oben.
Das alles könnte uns Angst einflößen, doch was sagt Gottes Wort dazu? „Fürchte dich nicht, ich stehe dir bei! Hab keine Angst, ich bin dein Gott! Ich mache dich stark, ich helfe dir, ich schütze dich mit meiner siegreichen Hand" (Jes. 41, 10; GNB).

Die Himmelfahrt

Jesus zeigte sich als Auferstandener während 40 Tagen, von Ostern bis zu seiner Himmelfahrt, den Aposteln und seinen Anhängern (Jüngern) und redete mit ihnen vom Reich Gottes. D.h., wie der Bau des Reiches Gottes sich durch sie - und alle, die bis heute an Jesus glauben - vollziehen und ausbreiten sollte, über die ganze Erde. (Apg. 1, 2-5).

Er hatte ja schon vor seiner Kreuzigung angekündigt, dass er zurück zu seinem Vater gehen und diesen bitten werde, ihnen an seiner Stelle, einen anderen Beistand und Helfer zu senden, der für immer bei ihnen bleiben wird (lies Joh. 14, 15-31 und 16, 4-15).

Jesus verspricht damit allen Gläubigen die Sendung des Heiligen Geistes, durch den sie ausgerüstet werden sollen, „seine Zeugen zu sein - in Jerusalem, in ganz Judäa und Samarien und überall sonst auf der Welt, selbst in den entferntesten Gegenden der Erde" (Apg. 1, 8 NGÜ).

Ich schließe an mit den Versen 9-11: „Nachdem Jesus das gesagt hatte, wurde er vor ihren Augen emporgehoben. Dann hüllte ihn eine Wolke ein und sie sahen ihn nicht mehr. Während sie noch gebannt zum Himmel aufblickten, standen mit einem Mal zwei Männer in leuchtend weißen Gewändern bei ihnen, die sagten: Ihr Männer von Galiläa, warum steht ihr hier und starrt zum Himmel hinauf? Dieser Jesus, der aus eurer Mitte in den Himmel genommen worden ist, wird wiederkommen und zwar auf dieselbe Art, wie ihr ihn habt weggehen sehen." Hier wird auch von Engeln die Wiederkunft Jesu Christi verheißen, die sich auf dem Zionsberg in Jerusalem erfüllen wird, nur weiß niemand, *wann* das sein wird, aber es steht fest, *dass* es sein wird.

Wohin ist Jesus gegangen und wo befindet er sich jetzt?

Der Himmel ist ja nicht irgendwo oben, denn im Weltall gibt es kein oben oder unten, obwohl wir - je nach Wetterlage - das Blaue, aus dem die Sonne lacht oder das Wolkenverhangene, aus dem es manchmal in Strömen gießen kann oder schneien, als Himmel bezeichnen, ist Jesus dort nicht zu vermuten und schon gar nicht zu finden.

Der sowjetische Kosmonaut Juri Alexejewitsch Gagarin, der erste russische Mensch im Weltraum, umrundete im April 1961 in 108 Minuten die Erde. Er soll nach seiner Rückkehr gesagt haben: „Wir waren im Weltall, aber von Gott haben wir nichts gesehen." Diese Aussage war natürlich politisch motiviert, ist aber leider auch Ausdruck besonderer Naivität. Denn erstens war Gagarin nicht im All (selbst der Mond ist ja nur 384.400 km von der Erde entfernt) und zweitens ist Gott dort niemals zu finden, genauso wenig, wie ein Architekt in seinem Bauwerk zu finden ist.

Im Englischen gibt es für Himmel zwei verschiedene Begriffe und Ausdrücke: „Sky" ist das, was wir über uns sehen, aber „Heaven" ist das, was wir mit unseren Augen nicht sehen. Eine Örtlichkeit oder ein spiritueller Bereich außerhalb von Raum und Zeit, eine andere Sphäre, in die Jesus eingegangen ist - zurück zu seinem Vater im Himmel - into Heaven.

Die Ewigkeit befindet sich außerhalb unserer 3-dimensionalen Welt. Sie ist eine Gegenwart der Gleichzeitigkeit ohne Anfang und Ende, in der Gott, der Geist ist, in seinem Sein existiert (Zeitform Aorist).
Im Psalm 90, Vers 2, drückt Mose dieses Sein so aus: „Ehe die Berge wurden und die Erde und die Welt (das All) geschaffen wurden, bist du, Gott, von Ewigkeit zu Ewigkeit." Und Gott nennt sich selbst der „Ich bin", der ewig Seiende (2. Mose, 3,14).
Jesus versucht den jüdischen Gesetzeslehrern zu erklären, dass er Gott als seinen Vater kennt und sein Wort hält. Er sagt ihnen: „Abraham, euer Vater, jubelte, dass er meinen Tag sehen sollte und er sah ihn und freute sich. Da sagten die Juden zu ihm: Du bist noch keine fünfzig Jahre alt und hast Abraham gesehen? Jesus sagte zu ihnen: Wahrlich, wahrlich, ich sage euch: Bevor Abraham war, bin ich" (Joh. 8, 56-58). Hier stellt sich Jesus als der Seiende dar, der Gott gleich ist durch seine ewige Präexistenz. Daraufhin wollten sie ihn steinigen.

Als Jesus eines Tages mit Petrus, Johannes und Jakobus auf einen Berg ging um zu beten, begab es sich, dass

„…während er betete, das Aussehen seines Angesichts anders und sein Gewand strahlend weiß wurde. Und zwei Männer redeten mit ihm, das waren Mose und Elia. (Mose, durch den Gott seinem Volk das Gesetz gegeben hatte und Elia als Vertreter der Propheten). Die erschienen in Herrlichkeit (unmittelbare, strahlende Anwesenheit Gottes, hebr. Shechinah) und redeten von seinem (Jesu) Ausgang, den er in Jerusalem erfüllen sollte. (Gemeint ist hier der Sieg am Kreuz).
Diesen biblischen Bericht „Die Verklärung Jesu", lesen wir bei Lukas 9, Verse 28-31. Er gibt uns Einblick in die Dimension einer anderen Welt, aus der sich hier ein Zeitfenster öffnet, denn Gott ist in der Lage alle Dimensionen zu durchdringen und zu erfüllen, auch unsere Raum-Zeit Dimension.

Albert Einstein hat nachgewiesen, dass Raum und Zeit, und auch Geschwindigkeit, relativ sind und untereinander austauschbar. Diese Größen sind abhängig vom Bezugssystem des Beobachters. Wenn sich z.B. ein Körper mit Lichtgeschwindigkeit im All bewegte, würde die Zeitspanne eines Augenblicks soviel bedeuten, wie Millionen Jahre auf der Erde. Da die Masse des Körpers mit der Geschwindigkeit zunimmt, ist sie in sich eine Erscheinungsform von Energie und die Zeit wird durch die Geschwindigkeit bestimmt.
„Bei Gott ist ein Tag wie tausend Jahre und tausend Jahre wie ein Tag" (Ps. 90, 4). Dies zeigt uns die Souveränität Gottes über die Zeit und weist ihn als den-

jenigen aus, der über dem flüchtigen Dasein des Menschen steht. Können wir da überhaupt mitreden? Wir können nur demütig staunen!

Pfingsten

Zehn Tage nachdem Jesus in den Himmel aufgenommen wurde, also 50 Tage nach seiner Auferstehung, feiern Christen das Pfingstfest (griech.: pentecoste hemera - der fünfzigste Tag), welches ursprünglich das erste Erntedankfest im Jahr war. Es wird auch heute noch in Israel als das „Schawuot-Fest", 7 Wochen plus 1 Tag, nach dem Pessachfest (Passah) gefeiert.
Damals begann an diesem Fest der Bau der Gemeinde Jesu, aus Juden und Nationen (den Heidenvölkern) zu dem einen weltumspannenden Leib Christi.
Jesus hatte ja allen Jüngern das Kommen des Heiligen Geistes angekündigt, als er ihnen gebot in Jerusalem zu bleiben und „die Verheißung des Vaters abzuwarten, denn sie sollen mit Heiligem Geist getauft werden um Kraft zu empfangen, seine Zeugen zu sein in Jerusalem und in ganz Judäa und Samaria und bis an das Ende der Erde." (Wie schon oben beschrieben).

Jesus war Jude, seine Apostel und alle weiteren Jünger waren Juden bzw. Proselyten (Judengenossen). Das Evangelium ging von Jerusalem hinaus in die ganze Welt, bis heute und noch weiter, bis alle Völker damit erreicht sind.
Beginnend mit Pfingsten schuf Jesus vom Himmel her etwas ganz Neues: Seine Gemeinde, d.h. seinen Leib auf Erden. Dieser sollte nicht nur aus Juden bestehen, sondern jetzt sind alle Menschen dazu eingeladen, an

ihn zu glauben und ihm zu folgen, alle Menschen aus allen Völkern und Nationen.

Zum Bau dieser weltweiten Gemeinde sandte er vom Vater aus den Heiligen Geist, den alle die bekommen, die an ihn glauben. Sie verkörpern Christi Leib auf Erden als Organismus, dessen Glieder durch den Heiligen Geist verbunden sind.

Dazu gab Gott als Zeichen ein Reden in zuvor nicht gelernten Sprachen, den Sprachen der Völker aus den Nationen, die damals beim Pfingstfest in Jerusalem versammelt waren, damit alle in ihrer eigenen Muttersprache die „großen Taten Gottes" (das Evangelium) hören und verstehen konnten (Pfingstwunder). Auch sie waren von jetzt an in seinen Rettungsplan, durch Jesus Christus, mit hineingenommen. (Lies Apg. Kapitel 2 und siehe dazu auch mein Buch „Der Heilige Geist, seine Gaben und wie wir sie nützen dürfen").

Der Heilige Geist ist die dritte Person des Dreieinigen Gottes, neben dem Vater und dem Sohn. Ohne ihn wäre Christsein nicht möglich, es wäre eine Religion unter vielen und niemand könnte eine persönliche Beziehung zu Gott haben. Der Geist ist es, der den Buchstaben der Bibel erst lebendig macht, aufschließt und dadurch das wahre Leben schenkt, das in der Botschaft enthalten ist. Ohne Heiligen Geist kann niemand die Schrift verstehen und es kann auch niemand zum Glauben an Jesus Christus kommen. „Die fleischlich (ohne Hl. Geist) sind, streben nach dem, was der menschlichen Natur entspricht; die aber geistlich sind, streben nach dem, was des Geistes ist. Fleischlich gesinnt sein bedeutet den Tod, geistlich gesinnt sein bedeutet Leben und Frieden, denn die Gesinnung des Fleisches ist Feindschaft gegen Gott" (Röm. 8, 5-7). Diese Wahrheit führt uns zum Verständnis, warum die Welt so im Argen liegt!

Der Heilige Geist zeigt uns, dass wir Sünder sind und Rettung brauchen. Der stolze Mensch kann das von seiner Natur aus nicht erkennen. Er zeigt uns auch wer dieser Retter ist und ob wir ein Gotteskind geworden und damit errettet sind - oder noch nicht.

Die Bibel sagt uns, dass die Gotteskinder im Himmel ein herrliches Erbe erwartet. Die Anzahlung dazu, hier auf Erden, ist der Heilige Geist, durch den wir schon jetzt ein Stück Seligkeit erfahren dürfen.

Jesus erklärt dem Nikodemus, einem „Obersten der Juden", das Kommen des Geistes wie eine Neugeburt: „Wahrlich, wahrlich, ich sage dir: Wenn jemand nicht von neuem geboren wird, kann er das Reich Gottes nicht sehen. Was vom Menschen geboren ist, das ist Fleisch und was vom Geist geboren ist, das ist Geist. Wundere dich nicht, dass ich dir gesagt habe: Ihr müsst von neuem geboren werden" (lies Joh. 3, 1-21).

Bei Joh. 1, 10-12 lesen wir: „Er kam in die Welt und die Welt ist durch ihn gemacht, aber die Welt erkannte ihn nicht. Er kam in sein Eigentum, aber die Seinen nahmen ihn nicht auf. Doch allen, die ihn aufnahmen, gab er das Recht Kinder Gottes zu werden, die an seinen Namen glauben." Dieser Vers sagt deutlich, wer ein Gotteskind ist und wer nicht. Der natürliche (fleischliche) Mensch ist wohl Gottes Geschöpf, aber nicht sein Kind und damit auch nicht Erbe. Kind Gottes wird der Mensch wenn er Jesus in sein Herz aufnimmt.

Vereinfacht und zusammenfassend ausgedrückt ist der Heilige Geist der Stellvertreter Jesu hier auf Erden. Deshalb sagt er vor seinem Weggang: „Ich bin bei euch alle Tage, bis zum Ende der Welt" (Mt. 28, 20). Er ist bei uns im Geist, der allen Christen innewohnt. Die leibliche Aufnahme Jesu in den Himmel und die Sendung des Heiligen Geistes sind weitere Säulen des Christentums. Jeder Mensch kann jetzt die Neugeburt erfahren, in dem er dem Herrn Jesus sein Leben anvertraut.

Wann kommt Jesus wieder?

Der Herr wird dann wiederkommen, wenn der gottlose Mensch mit seinem Latein am Ende ist und das gegenwärtige Weltsystem im Chaos versinkt. Zudem muss das Evangelium auf der ganzen Welt verkündigt werden und die Vollzahl aus den Nationen eingegangen sein. Dann wird die Verstockung Israels weggenommen, es wird sich dem Messias Jesus gegenüber öffnen und ihn erkennen. „Aus Zion wird der Erlöser kommen und die Gottlosigkeit von Jakob (Israel) abwenden (lies Röm. 11, 25-29).
Zur Parusie des Herrn wurden immer wieder Vorhersagen gemacht, die oft als Prophetien bezeichnet werden - keine davon ist eingetreten. Jesus selber sagte, dass nicht einmal *er* den Zeitpunkt weiß, sondern allein sein Vater im Himmel.

Die Bibel berichtet von manchen schlimmen Dingen, die zuvor noch geschehen und über die Menschheit kommen müssen. Gott wird sie zulassen, nicht um uns zu quälen, sondern um noch viele zur Umkehr zu bewegen, denn in seiner Liebe und Langmut will er nicht, dass wir alle ins Verderben rennen. Wir leben ja noch in der Gnadenzeit und Gott ruft alle Menschen zur Umkehr.
Die Gnadenzeit ist auch die Endzeit. Es handelt sich dabei, wie der Name sagt, um einen Zeitabschnitt, der irgendwann - vielleicht schon bald - zu Ende geht.

Wir tun aber so, als würde alles weitergehen bis in alle Ewigkeit. Dabei ist schon das individuelle Menschenleben auf eine sehr kurze Zeit begrenzt.

Auf der Inschrift einer Friedhofsmauer war zu lesen: „Wir bauen hier so feste und sind nur fremde Gäste, und wo wir werden ewig sein, da bauen wir so wenig ein."

Psalm 90, 12 sagt: „Herr, lehre uns bedenken, dass wir sterben müssen, damit wir klug werden".

Und in Hebr. 3, 15 werden wir zu tätiger Weisheit aufgefordert: „Heute, wenn ihr seine Stimme hört, verstockt eure Herzen nicht, wie in der Auflehnung" (damals in der Wüste: 4. Buch Mose).

Wer wiederholt sein Herz vor Gottes Reden verschließt, kann sich womöglich später nicht mehr öffnen, sein Herz ist verstockt und der Heilige Geist findet keinen Zugang mehr.

Der Prophet Jeremia berichtet über Gott, der groß von Rat und mächtig von Tat ist, „um einem jeglichen zu geben nach seinen Wegen und nach der Frucht seiner Taten" (Jer. 32, 19).

„In dem Augenblick, in dem die Tür des Todes ins Schloss fällt und wir uns in der Ewigkeit befinden, wird das, was wir gewollt und gewählt haben, auch wirklich unser ewiges Schicksal sein" (nach einem Zitat von R. Hiller).

Eine neue Gemeinsamkeit

In heutiger Zeit hört man viele Menschen des öffentlichen Lebens häufig von „Gemeinsamkeit" sprechen und auch von den Medien wird dieser Trend verbreitet: „Nur gemeinsam sind wir stark, nur gemeinsam können wir Stabilität und Frieden schaffen."
Diesem Anliegen geht ein langer Prozess in Richtung „Gleichmacherei" voraus.
Die Parole „Freiheit, Gleichheit, Brüderlichkeit" kennen wir schon seit der Französischen Revolution, 1789.
Beginnend mit der Gründung der Europäischen Union, 1993, wurde die Ideologie eines besseren Miteinander, durch Pluralismus, massiv vorangetrieben, wobei durchaus auch einige positive Aspekte zu verzeichnen sind, aber Gott wird ausgeklammert.
Miteinander können wir herannahenden Gefahren besser begegnen und unseren gewohnten (sündhaften) Lebensstil beibehalten, so denkt die von Gott losgelöste Welt. Denn vielleicht gelingt es doch, durch Gleichstellung aller, Frieden und Wohlstand für die Menschheit zu schaffen. Am besten durch eine einheitliche Zentralregierung, die das Gute erkannt hat und vorgibt, was sein darf und was nicht.
Dass parallel zu diesem Prozess der Gleichmacherei Misstrauen, Frustration, Egoismus, Rücksichtslosigkeit, Gewaltbereitschaft etc. zunehmen, will nicht gesehen werden. Es ist ein Paradox und passt sehr gut

zum Wesen des Menschen.
Jesus sagt bei Matthäus 24, 12: „Weil die Gesetzlosigkeit überhand nimmt, wird die Liebe in vielen erkalten".

Auch im religiösen Bereich gibt es Bestrebungen um Einheit aller Menschen. So wurde im Jahr 1974, initiiert von Sant Kirpal Singh, in Delhi, die Weltkonferenz von „Unity of Man" abgehalten. Diese hinduistische Reformbewegung ist heute in 15 Ländern der Erde vertreten und umfasst zwei Millionen Anhänger. Es werden die christlichen Werte, ohne Christus, vertreten. Ihr Zuspruch an alle Menschen lautet: „Be Good - Do Good - Be One." (Eine fernöstliche Form von Humanismus).

Ebenso wird die Lehre des Dalai Lama als Weg zu einem Weltfrieden gesehen, dem sich besonders die römisch-katholische Kirche, mit großer Zustimmung, öffnet. Es handelt sich dabei um religiöse Philosophien, die keinen persönlichen Gott und keinen Erlöser kennen. Das Gute im Menschen und seine Weisheit müssen geweckt werden - zum Frieden aller.

Papst Paul II. lud im Oktober 1986 zu einer Woche der Brüderlichkeit, mit interreligiösem Gebet, nach Assisi ein. Hohe geistliche Würdenträger verschiedener Religionen nahmen daran Teil. Bis zum Jahr 2016 gab es bereits 5 solcher Treffen in Assisi und nachfolgend viele weitere in kleinerem Kreis, wie z.B. auch in Ried i. Innkreis, durch „Zukunft.Ried", in der dortigen Stadtpfarrkirche.

In sehr vielen Ländern der Erde, besonders in Europa und der westlichen Welt, finden sich vermehrt Gruppen mit gleicher Ausrichtung.

In Bamberg, einer Stadt im Norden Bayerns, auf dem Markusplatz, steht das „Zelt der Religionen". Es handelt sich dabei um eine interreligiöse Begegnungsstätte für Juden, Christen und Moslems und bildet den Mittelpunkt einer Parkanlage, die den Namen „Gottes Garten der Religionen" trägt. Diese Anlage wurde anlässlich einer Gartenausstellung, im Jahr 2014, vor dem Gebäude der Universität für Humanwissenschaften, errichtet. Das Zelt bildet, wie es heißt, auf gleichberechtigter Ebene einen gemeinsamen Identifikationsraum und soll dabei helfen, dass sich ein gutes Miteinander der Religionen zum Normalfall in der Gesellschaft entwickelt. Die Begegnung soll in einer bewusstgemachten Gegenwart der Anderen stattfinden und wird vom Erzbistum Bamberg als wichtiger Beitrag zum interreligiösen Dialog gesehen.

Seit Anfang des Jahres 2023 steht in Abu Dhabi das Abrahamic Family House. Es handelt sich dabei um eine monumentale Anlage, die aus 3 durch helles Licht nach außen strahlenden, aus weißem Marmor errichteten Gebäuden, auf der Insel Saadiyat Island. Der aus Ghana stammende Architekt, David Adjaye, gab ihnen die Namen „Imam Al-Tayeb Mosque", „St. Francis Church" und „Moses Ben Maimon Synagagogue". Dieses „Heiligtum" wurde beim Besuch von Papst Franciscus, 2019 angekündigt und mit dem Großimam Atmend Al-Toyeb als Friedensprojekt vertraglich unterzeichnet.

Ganz in der Nähe steht bereits eine Dependance des Louvre und daneben soll ein „Guggenheimer Museum" aufgebaut werden. Es ist das Bestreben, dort in Abu Dhabi, eine Kunstmetropole zu errichten, wo eine riesige Buddah-Statue, eine Gottheit der Azteken und eine Madonna beieinander stehen. Auch eine Kopie Leonardo da Vincis „Salvator Mundi" (Heiland der Welt) ist ausgestellt. (Das Original befindet sich in der National Gallery in London).

Die Vereinigten Arabischen Emirate, unter ihrem Regenten Muhammad bin Raschid Al Maktum, bemühen sich um ein Zusammenführen der Weltreligionen. Dieses Vorhaben erscheint seltsam, wo doch die Grundlage des Emiratischen Rechts aus dem Scharia-Gesetz hervorgeht. Dazu gehören öffentliches Auspeitschen für Vergehen gegen den Islam und anderer Delikte, ebenso wie Steinigung z.B. für Ehebruch. Wie das alles - in Bezug auf Ethik - zusammenpassen soll, ist rätselhaft. Es liegt auf der Hand, dass das Evangelium dabei keinen Platz findet. Vielmehr wird hier der Welt etwas vorgetäuscht, was jedoch mit den strategischen Richtlinien des Koran, zur Ausbreitung des Islam, durchaus konform geht. Es ist nämlich, unter gewissen Umständen, erlaubt zu lügen, vor allem dann, wenn es der Sache Allahs dient.

In Berlin gibt es ein Projekt einer Andachtsstätte „House of One", das auch den Dialog zwischen Juden, Christen und Moslems fördern soll.

Ein ähnliches Projekt ist in Wien vorhanden, das sich „Campus der Religionen" nennt. Es soll auf einem rund 10.000 m2 großen Grundstück in Aspern Seestadt, nach einem Entwurf der Erzdiözese Wien, errichtet werden. Es entstehen 8 verschiedene Gebäude für alle daran beteiligten Religionsgemeinschaften.

Doch Gottes Wort sagt uns etwas anderes: Wo der Mensch auch suchen möchte - es gibt im ganzen Universum keinen anderen Retter aus Sünde und Tod, aus der Verlorenheit des Menschen, keinen, durch den wir Vergebung der Schuld empfangen könnten und ewiges Leben noch dazu, als allein durch Jesus Christus, dem Heiland der Welt. „Es ist in keinem anderen das Heil, es ist auch kein anderer Name unter dem Himmel den Menschen gegeben, durch den wir gerettet werden sollen", spricht Petrus zu den damaligen jüdischen religiösen Führern und zum Volk in Jerusalem (Apg. 4, 12). Trotzdem wird auch heute der Herr beiseite geschoben, der Glaube an ihn belächelt, abgelehnt, verachtet und bekämpft.

Hier möchte ich eine Geschichte wiedergeben:
Der Name war ihre Rettung. Die Entdeckung des Impfstoffs gegen die Tollwut, im Jahr 1885, machte den französischen Chemiker, Physiker und Arzt,

Louis Pasteur, in ganz Europa berühmt. Aus aller Welt strömten Menschen, die von tollwütigen Tieren gebissen wurden, nach Paris. Auch eine Gruppe russischer Bauern, die von einem tollwütigen Wolf angefallen und gebissen worden waren, begaben sich auf die mehr als 2.500 km weite Reise nach Paris. Nach 2 Wochen kamen sie dort an und erregten Aufsehen mit ihren Pelzmützen und ihren Verbänden. Da sie kein Französisch sprachen, wiederholten sie immer wieder nur den Namen „Pasteur, Pasteur!" Sie wurden zu ihm geführt – und tatsächlich konnte der Arzt alle heilen, bis auf einen, bei dem die Krankheit schon zu weit fortgeschritten war.

Diese Hilfe suchenden Männer kannten kein französisches Wort, aber sie kannten den Namen des einen, der sie retten konnte: „Pasteur". Und sie setzten ihr ganzes Vertrauen auf ihn.

Auch für unsere eigene Sündenkrankheit gibt es nur ein einziges Heilmittel und nur einen einzigen Namen, der retten kann. Es ist der Name unseres Herrn Jesus Christus, in dem wir Vergebung, Befreiung und Frieden finden, und nur er allein schenkt uns ewiges Leben.

Es macht mich überaus traurig, dass heute Vertreter des Christentums, die sich als geistliche Würdenträger verstehen, diesen einzigen Retter-Namen verleugnen und damit das kostbare Evangelium preisgeben.

Der Bibellehrer Erich Sauer formulierte diese Geistesströmung, der wir gegenüber stehen, wie folgt: „Nicht Christianisierung der Welt bis hin zur Einheit der Völker und Kulturen in Christus, sondern zunehmende Feindschaft der Welt bis zur Ausstoßung des Christentums durch (unsere) Kultur, das ist der Gang, den die biblische Weissagung prophezeit!"

Unschwer ist hier der heutige Zeitgeist zu erkennen, der von Toleranz, Emanzipation und Gleichheit spricht, aber die Wahrheit verwirft, antichristliche Gesetze vorgibt und die Rettungsaktion durch Jesus Christus ablehnt, um wenn möglich alle Menschen zu verführen.

Vom Treiben und Untergang dieser gottfeindlichen Macht lesen wir in Offb., Kapitel 17 und 18.

Gott spricht durch den Propheten Sacharja, der auf das Friedensreich des Messias Jesus hin weissagt: „Es wird nicht geschehen durch Heer oder Kraft (d. h. durch menschliche Anstrengung oder Gewalt), sondern durch meinen Geist" (Sach. 4, 6). Nicht durch den Geist der Gleichmacherei. Dazu sagte der Zukunfts- und Verhaltensforscher Prof. Millendorfer: „Die Zukunft der Menschheit heißt Jesus Christus oder sie findet nicht statt".

Eine neue Welt-Unordnung

Nach dem Zusammenbruch Nazideutschlands und dem Ende des 2. Weltkriegs standen sich zwei Fronten gegenüber: USA und UdSSR, West und Ost. Nach gigantischer Aufrüstung auf beiden Seiten sprach man vom Kalten Krieg, aber die globale Lage war relativ überschaubar. Sie war jedenfalls stabiler als heute.

Die westliche Wirtschaft wuchs, wobei besonders das deutsche Wirtschafswunder in Europa enormen Aufschwung brachte. Zunehmend wurden Arbeitskräfte gebraucht, deren Bedarf durch zu geringe Geburten in den eigenen Ländern nicht gedeckt werden konnte. Besonders in weniger qualifizierten Berufen wurden Gastarbeiter aus armen Ländern eingestellt. In weiterer Folge nahm die Zuwanderung aus wirtschaftlichen und politischen Gründen zu, was durch das Entstehen der Europäischen Union begünstigt wurde und sich auf die gesamte westliche Welt ausdehnte. Zudem sah sich der Westen (Nordamerika, Europa, Skandinavien und auch Australien), zunehmend mit einem Herrschaftsanspruch des Politischen Islam konfrontiert. Doch nicht nur der Westen sah sich dem gegenüber, denn grundsätzlich betrachtet der Islam alle Nichtmuslimen als Feinde, die, je nach sich bietender Möglichkeit unter Dominanz zu bringen sind (Afrika, Naher- und Mittlerer Osten). Herkunft und Religion der Zuwanderer durften nicht beurteilt werden (Menschenrechte). Weitreichende Veränderungen drängten sich auf und wurden eingeleitet, die Probleme mehrten sich und nahmen unlösbare Formen an.

Das gesamte Wirtschaftssystem ist auf Gewinn ausgerichtet und je besser die Wirtschaft floriert, desto ausgeprägter tritt dieses System in Kraft. „Möglichst billig einkaufen und möglichst teuer verkaufen" wurde zunehmend zum Leitsatz.
Besonders China, aber auch andere asiatische Länder, erkannten hier ihre große Chance. In kürzester Zeit wurden Industriebetriebe errichtet und damit die Produktion fast aller denkbaren Waren, nach westlichem Vorbild, ermöglicht, die reißend an den Westen abgesetzt wurden. Viele namhafte und gesunde europäische und österreichische Produktionsbetriebe mussten schließen, weil sie dem Preisdruck aus Asien nicht standhalten konnten. Sie wurden zugunsten internationaler Großkonzerne preisgegeben. Diese fatale Fehlentwicklung sollte sich bald rächen. Obwohl die Qualität vieler Artikel zu wünschen übrigließ, stieg das Wirtschaftswachstum Chinas über längere Zeit um mehr als 10%. (2018: 6,6% - USA 2,9%). Die kurzlebigen Produkte machten wegen ihrer niedrigen Preise Reparaturen unrentabel, dafür wuchsen die Müllberge in die Höhe.
Kurzsichtige Wirtschaftsfunktionäre und Kaufleute der westlichen Welt rieben sich die Hände. Ethische

Richtlinien und christliche Werte, z.B. auch was den Umgang mit der Arbeiterschaft in den Fabriken anbelangt und damit verbundener unlauterer Wettbewerb, wurden beiseite geschoben. Wer fragt denn schon danach, wenn die „Kohle" stimmt?!
Die Volksrepublik China ist mit einem BIP von ca. 14,4 Billionen US-Dollar die zweitgrößte Volkswirtschaft und der größte Güterexporteur der Welt.
Seine Finanzkraft ist schwer einzuschätzen. Man sagt, die Chinesen seien die einzigen auf der Welt, die noch Geld haben. (Obwohl das Volk großteils sehr arm ist). Durch diesen unglaublichen wirtschaftlichen Erfolg hat sich das Auftreten Chinas auf der Weltbühne vehement verändert. Aus zurückhaltenden, bescheiden wirkenden Regierungsbeamten sind forsch auftretende Aktionäre geworden, die keine Konfrontation mit den konkurrierenden Mächten scheuen.

Am 24. März 2019 wurde vom damaligen italienischen Premier Guiseppe Conte, das Memorandum zur Errichtung eines Handels- und Verkehrsnetzes, zwischen drei Kontinenten, unterzeichnet. Dieses Projekt trägt den Namen „Neue Seidenstraße", an dem neben China als Initiator, die Länder Georgien, Armenien, Iran, Turkmenistan, Usbekistan, Tadschikistan und Kirgistan beteiligt sind. Es soll ein gigantisches Handelsnetzwerk zwischen Asien, Afrika und Europa aufgebaut werden, zu dem China 900 Milliarden US-Dollar in den Ausbau von Straßen, auf einer Länge von 6.400

km, mit Eisenbahnen und Flughäfen, investiert.
China schafft schon jetzt durch erdrückende Dominanz, hauptsächlich in der Wirtschaft durch enorme Finanzkraft, aber ebenso in vielen anderen Bereichen des Lebens Abhängigkeit der Mitgliedsländer und beeinflusst in Folge die gesamte derzeitige Weltordnung.
Die Uneinigkeit der großen Wirtschaftsblöcke hat dadurch einen neuen Höhepunkt erreicht, denn auch die politischen Interessen klaffen deutlich auseinander.

Nachdem der Staat Israel aus einem Teil des britischen Mandatsgebietes Palästina hervorgegangen war (Palästina gehörte früher zum Osmanischen Reich), verkündigte David Ben Gurion, am 14. Mai 1948, die Unabhängigkeit Israels. Die arabischen Staaten Ägypten, Transjordanen, Syrien, Libanon und der Irak griffen noch am selben Tag Israel an. Ihre Absicht war, Israel zu verdrängen, ins Meer zu werfen, zu zerstören. Doch dieser Konflikt (Palästinakrieg) endete, wie auch die weiteren bisher, mit einem Sieg Israels. Zudem ist es gelungen aus zum Teil kargem Wüstenboden fruchtbares blühendes Land zu machen. Die Spannungen setzten sich fort und die Palästinenser (zu biblischen Zeiten Philister) verübten immer wieder Anschläge auf israelische Siedlungen. Zusätzlich organisierten sie sich zu politischen Verbänden, beklagten überall in der Welt ihr Unrecht und versuchten Widerstand und Ablehnung gegen den Erzfeind Israel zu erzeugen.

Anfang des Jahres 2014 annektierte Russland völkerrechtswidrig die Halbinsel Krim und half bewaffnete Milizen, gemeinsam mit russischem Militär, im ostukrainischen Donbass aufzubauen und in Stellung zu bringen. Nachfolgend wurden russische Militäreinheiten in Grenzgebieten zur Ukraine zusammengezogen. Im Februar 2022 begann Russland mit gezieltem Beschuss auf wichtige Einrichtungen des Nachbarlandes.

In Weilerbach bei Kaiserslautern, nahe Ramstein, in der Pfalz, wo sich die Airbase der US Forces befindet und rund 52.000 US-Soldaten und Beschäftigte wohnen, bauen die Regierungen der USA und Deutschlands derzeit ein riesiges Krankenhaus mit 4000 Zimmern, 120 Behandlungsräumen und 9 OP-Sälen. 1,1 Mrd. Euro sind dafür veranschlagt, wovon Deutschland 266 Mio. übernimmt. Man fragt sich, wozu das dienen soll, was wird hier erwartet und was wird uns, den Bürgern der EU, verheimlicht?
Parallel dazu hat der US-Senat der Ukraine Waffenlieferungen für 61 Mrd. Dollar zugesagt. Dies sei derzeit sinnvoller, als Truppen ins Kampfgebiet zu entsenden, sagte ein Sprecher des Weißen Hauses. Offensichtlich sind hier die Bemühungen den Krieg voranzutreiben, anstatt ernsthafte Friedensverhandlungen anzustreben. Der letzte Rest an Vernunft wird dabei zu Grabe getragen. Makaber fügt sich dazu der ungeheuerliche Ausspruch der deutschen Außenministerin Annalena Baerbock: „Wir befinden uns mit Russland im Krieg."

Ist der Weltenzeiger schon weiter als wir ahnen?
Auf dem Weg zu einer neuen Weltordnung durch Globalisierung sind wir in eine Weltunordnung geraten, mit gefährlichem Potential zu einem 3. Weltkrieg.

Der Präsident der Europäischen Wirtschaftskammern (Eurochambres) bis 2021, Christoph Leitl, schrieb in einer österreichischen Tageszeitung einen Leserbrief, den ich hier wiedergeben möchte:
„Zerfällt die Welt? Die Spaltung der Welt vertieft sich. In den geopolitischen Großkrisen Ukraine und Israel wird der Angegriffene zum Objekt für Aggressionen, nur weil „der Westen" dahinter steht. Dieser Westen wird gleichgesetzt mit dem USA-Streben nach Dominanz in der Welt, was entsprechende Gegenreaktionen hervorruft. 90% der Weltbevölkerung lehnen eine Dominanz zunehmend ab. Natürlich sitzen die USA und Europa derzeit noch am längeren Hebel, doch dieser wird zusehends kürzer, der Aufholprozess der 90% immer rascher, immer deutlicher sichtbar und spürbar. Länder wie China und Russland weiten ihre Militärbudgets drastisch aus, bekämpfen die Dominanz des Dollars als Weltleitwährung und versuchen, technologische Unabhängigkeit von den USA zu gewinnen. Das Beispiel Elektromobilität und Anlagen für erneuerbare Energie zeigt, dass die Chinesen hier bereits zu einer Weltmarktführerschaft unterwegs sind. Im Gegensatz zu Europa sind die USA in den meisten Bereichen autark und können sich jederzeit auf einen

isolationistischen Kurs zurückbegeben. Europa hingegen ist abhängig, nicht zuletzt auch in Energie- und Rohstofffragen. Die europäische Strategie kann nur lauten: multipolare Partnerschaften eingehen, bevor bittere Rechnungen serviert werden.

Selbstverständlich muss Europa seine Werte verteidigen, vor allem dadurch, dass es sie selbst lebt. Geistiger Neo-Kolonialismus hat keinen Platz, Belehrungen von europäischer Seite sind vor dem historischen Hintergrund und den Verbrechen, die Europa in der Welt begangen hat, nicht angebracht. Europa ist zum Friedenskontinent geworden. Es hat daher für Frieden, Dialog, Partnerschaft, Respekt, Wertschätzung und Toleranz einzutreten. Nachdem alle grossen Probleme Europas wie die Klimakrise, die Finanzspekulation, die weltweiten Flüchtlingsströme nur noch in Form globaler Lösungen zu bewältigen sind, setzt dies die Einigung innerhalb Europas und damit eine Handlungsfähigkeit auf globaler Ebene voraus.

2024 ist ein entscheidendes Jahr für Europa. Das Europäische Parlament wird neu gewählt, die Europäische Kommission für fünf Jahre bestimmt. Fünf entscheidende Jahre, in denen sich das Gesicht der Welt verändern wird. Verändern in eine positive oder negative Richtung für uns und Europa? Noch haben wir es in der Hand, darüber zu entscheiden. Und darüber sollten wir in den kommenden Monaten ernsthaft diskutieren. Die Zukunft der nachfolgenden Generationen sollte uns das wert sein."

Krieg

Diese Welt ist eine gefallene Welt, von der Sünde durchsetzt. Seit Anbeginn der Menschheitsgeschichte gibt es Lüge, Streit, Hass und Krieg. Denken wir an Kain, der seinen Bruder Abel erschlug.
Das zieht sich durch bis in unsere Zeit. Diejenigen Länder, die laut einer Statistik (seit 1946), am meisten an gewaltsamen Konflikten beteiligt waren, sind 1. Frankreich (28), 2. Großbritannien (27), 3. Russland (25), 4. die USA (24) und 5. Indien (17).
Imperialismus (Machtausbreitung), Hegemonie (Übervorteilung), aber auch Provokation, rufen Ängste hervor und führen zu Verfeindung. Wenn dadurch keine Gespräche mehr möglich sind und jede Diplomatie versagt, dann wird das schon „vorsorglich" vorbereitete Waffenarsenal zur Bekämpfung des Feindes eingesetzt – Krieg ist ausgebrochen.
Fast jeder Krieg hat eine Vorlaufzeit, in der die Weichen gestellt werden können – zum Frieden oder zum Kampf. Dies ist zwar kein Prinzip (es gibt Ausnahmen), aber immerhin eine Möglichkeit mit einer guten Chance, in den meisten Fällen Frieden zu bewahren, wenn nicht gar Frieden zu stiften.

Die Worte Jesu in seiner berühmten Bergpredigt (Kapitel 5 des Matthäusevangeliums) veranschaulichen, wie weit wir von Gottes autorisiertem Wort entfernt sind. „Selig sind die Sanftmütigen, denn sie werden das Land besitzen. Selig sind die Friedfertigen, denn sie werden Gottes Kinder heißen." (Mt. 5, 5 und 9).

Der Ukrainekrieg

Eine Vorlaufzeit war auch beim Ukrainekrieg gegeben, wofür ich hier etwas ausholen möchte:
1945 standen sich 2 Machtblöcke mit unterschiedlichen Systemen, bei Politik und Wirtschaft, gegenüber. Auf der einen Seite, die westlichen Alliierten, auch „Siegermächte" genannt, England, Frankreich, USA und auf der anderen Seite die UdSSR. Dazwischen Deutschland, das geografisch geteilt wurde, in Ost und West.
Im Jahr 1991 kam es zum Zerfall der Sowjetunion und nachfolgend zur Auflösung des Warschauer Paktes, wodurch in manchen europäischen Ländern, mit bis dahin vorherrschender politischer Ausrichtung nach Osten, ein gewisses Erwachen eintrat. Man erkannte den eigenen wirtschaftlichen Rückstand und beklagte den damit verbundenen niedrigeren Lebensstandard. Die Bürger wollten mehr, sie sehnten sich nach Selbstgestaltung und Freiheit, wobei ihnen der Westen ein erstrebenswertes Vorbild wurde.
1989 fiel die Mauer, die Deutschland getrennt hatte und es kam zur Wiedervereinigung.
Am 1. November 1993 gründeten namhafte europäische Politiker in Maastricht die Europäische Union

(EU). Sie umfasst derzeit 27 Saaten, darunter einige, die früher zur UdSSR oder zum Warschauer Pakt gehörten.

Im März 1999 begann die offizielle NATO-Osterweiterung. Polen, Ungarn und Tschechien traten dem Bündnis bei. Im selben Jahr griff die NATO mit Lufteinsätzen in den Kosovo-Krieg ein. Daraufhin wurden Slowenien, Albanien, Kroatien, Montenegro und Nordmazedonien in die NATO aufgenommen. 2004 kamen Estland, Lettland und Litauen dazu.

Parallel zu diesen Geschehnissen wurden die Raketenstützpunkte, besonders durch die USA, sukzessive erweitert. In England, Belgien, den Niederlanden, in Deutschland, Italien und in der Türkei, liegen Raketen mit Atomsprengköpfen bereit. Deutschland verfügt über 20 US-Militärstützpunke, in Ramstein lagern zurzeit 216 nukleare Bomben, doch die größte NATO-Basis Europas ist in einem der ärmsten Länder der EU, nämlich in Rumänien, im Bau. Die Kosten hierfür werden mit mindestens 2,5 Mrd. EURO veranschlagt.

Schon im Juni 1994 wurde zwischen der EU und der Ukraine ein Partnerschafts- und Kooperationsabkommen unterzeichnet, das dann im März 1998 in Kraft getreten ist. Im Februar 2022 hat der ukrainische Präsident Wolodymyr Selenskyj ein offizielles EU-Beitrittsgesuch beim Europäischen Rat eingereicht, dem sich wenige Tage später Georgien und Moldau anschlossen. Durch diese Ereignisse und besonders durch das Vor-

gehen der Westmächte (NATO), fühlte sich der „russische Bär" mehr und mehr bedrängt, was aber leider übersehen wurde. Besonders Europa hätte schon damals eine neutrale Haltung gegenüber Ost und West einnehmen müssen, um in diplomatischer Weise eine klare Politik der Mitte vorzugeben. (Siehe Brief von Christoph Leitl). Für diese Rolle war Deutschland geradezu prädestiniert. Weiterer Ausbau der Handelsbeziehungen, Tourismus etc., sowie allgemeine Offenheit und vor allem ein Hinführen der Ukraine zur Neutralität wären das „Gebot der Stunde gewesen". Doch leider begab man sich lieber verstärkt in die Abhängigkeit gegenüber den USA.
Henry Kissinger, ehemliger Politwissenschaftler, US-Außenminister und Diplomat, führte im Vietnamkrieg erfolgreiche Verhandlungen. Er erreichte ein Waffenstillstands- und Abzugsabkommen mit Nordvietnam. Im Jom Kippur Krieg brachte er einen Friedensvertrag zwischen Israel, Ägypten und Syrien zustande, wobei Ägypten nachfolgend als erstes arabisches Land Israel als eigenständigen Staat anerkannte. 1973 erhielt Kissinger den Friedensnobelpreis. Er sagte später zur politischen Entwicklung in der Europäischen Union Folgendes: „Ab den 1990er Jahren hätte Europa die Chance gehabt, sich auf seine eigenen Stärken zu besinnen, sich von den USA zu emanzipieren und eine eigenständige Politik zu eröffnen. Eine Jahrhundertchance wurde vertan. Es ist nicht erkennbar, wo die außenpolitischen Ziele der EU liegen. Diese histori-

sche Fehlleistung lässt für Europa in Zukunft nichts Gutes erwarten."

Leider muss man sagen, dass man in der EU vergebens nach Führungspersönlichkeiten sucht, die Respekt und Autorität vermitteln. Viele Menschen neigen eher dazu, über das Gebotene zu schmunzeln oder sich zu ärgern. Besonders Deutschland gibt hierzu ein trauriges Bild ab. Migration, Gleichmacherei, sexuelle Vielfalt und geschlechtsneutrale Sprache (Gendern), scheinen wichtiger als politische und wirtschaftliche Stabilität zu schaffen und zu erhalten.

Die Regierung der EU ist nicht in der Lage Fehlentwicklungen einzugestehen, geschweige denn sinnvoll entgegenzusteuern. Die Angst ins Hintertreffen zu geraten sitzt ihr lähmend im Nacken. Sie ist gefangen in einer Multikulti-Globalisierungsilussion, es ist kein Plan, kein Konzept für die Zukunft vorhanden.

Die Halbinsel Krim, die bis 1991 zur Sowjetunion gehörte, danach aber zur unabhängig gewordenen Ukraine, wurde im Frühjahr 2014, unter Wladimir Putin, eingenommen. Dieses Vorgehen brachte Russland Sanktionen ein, die von mehreren westlichen Ländern verhängt wurden und dann, nach dem Angriff auf die Ukraine, massiv verstärkt und auch von der EU, als Druckmittel für ihre Interessen der Erweiterung, eingesetzt wurden. Insgesamt beteiligen sich derzeit 36 Länder an den Sanktionen gegen Russland und Belarus (Weißrussland), wobei besonders auf eine Schwä-

chung der russischen Finanzwirtschaft abgezielt wird.
Am 24. Februar 2022 wurden von Russland aus die ersten Raketen auf Ziele in der Ukraine abgefeuert. Seit diesem Kriegsbeginn unterstützt die NATO die Ukraine, neben wirtschaftlichen Sanktionen, mit Waffenlieferungen modernster Bauart, dazu mit finanziellen Zuwendungen in Mrd.-Höhe.
Der norwegische NATO-Chef Jens Stoltenberg fordert den Einsatz westlicher Waffen auch auf Ziele außerhalb – nicht nur auf russisch besetztes Gebiet innerhalb der Ukraine – also z.B. auch auf Moskau. Das sei das Recht auf Selbstverteidigung.
Kürzlich hat der US-Senat eine Zahlung über 61 Mrd. Dollar an die Ukraine freigegeben. Die Ukraine selbst hat schon im Jahr 2022 an die 50 Mrd. Euro für den Krieg gegen Russland aufgewendet. Die Kriegstreiber sitzen nicht nur in Russland!
Wohin das alles noch führen wird ist nicht abzusehen. Schon jetzt (Mitte 2024) zeichnet sich für alle Beteiligten ein erschreckendes Ergebnis ab: 10.338 getötete und 20.000 verletzte Zivilisten, 3,4 Mio. Geflüchtete, dazu über 50.000 russische und 31.000 ukrainische tote Soldaten. Ich habe den Eindruck, dass der, der die Fäden zieht (Satan) sich freut wie er seine Puppen tanzen lässt, die von sich aus das Ganze betrachten wie ein Spiel auf dem Holzbrett.
Nicht nur Russland und die Ukraine, auch ganz Europa, verzeichnen bereits erhebliche Einbußen in der Wirtschaftsleistung und enorme Teuerung durch In-

flation. Dies trifft die Bevölkerung schwer, natürlich in erster Linie die ärmere Schicht. Die Verantwortlichen spüren freilich nichts davon.

Deutschland soll für diesen Krieg bisher über 210 Mrd. Euro ausgegeben haben. Selbst wenn es morgen zum Frieden käme, würde der Wiederaufbau der Ukraine auf geschätzte 800 Mrd. Euro kommen. Die verlorenen Menschen, die Verletzungen, das Leid und der Hass bleiben.

Der Krieg in Gaza

Wie schon beschrieben, wurde Jerusalem 70 n. Chr. durch die Römer zerstört und das Volk Israel zerstreute sich in alle Welt.

Ungefähr 530 Jahre danach, gegen Ende der Umbrüche durch die Völkerwanderung, begann im Orient die gewaltsame Islamische Expansion. Im Jahr 638, als arabisch-muslimische Stämme Jerusalem eroberten, wurde bald darauf auf dem Tempelberg, dort wo einst der jüdische Tempel stand, die Al-Aksa Moschee gebaut. Palästina war damals ein Gebiet im Osmanischen Reich, in dem sich Kurden, Schiiten und Sunniten, aber auch räuberische Banden aufhielten. Ab 1299 gehörte der gesamte heutige Nahe Osten zum Osmanischen Großreich. Dieses wurde von der türkisch muslimischen Dynastie der Osmanen regiert und erstreckte sich von der arabischen Halbinsel und

Nordafrika bis über den Balkan und bis über die Ukraine und ganz Vorderasien.

Die 2. Belagerung Wiens, im Jahr 1683, leitete jedoch den Zerfall dieses Großreichs ein. Der Markgraf Ludwig Wilhelm von Baden-Baden und der Polenkönig Johann III. Sobieski, vertrieben die osmanisch-türkischen Truppen, in der Schlacht auf dem Kahlenberg, von Wien und besiegten sie nachfolgend auch auf dem Balkan.
1687 fügte Prinz Eugen von Savoyen den Türken bei Mohacs eine schlimme Niederlage zu und erschütterte dadurch die Macht des Sultans. Als die Türken aber 1716 wieder nach Wien vorrückten, vertrieb sie Eugen, der insgesamt 17 Siege gegen die Türken bzw. Osmanen verzeichnen konnte.
Während der Zeit der 7 Kreuzzüge, die sich über einen Zeitraum von 1096 bis 1270 erstreckten, war Jerusalem ein Königreich, das zu den 4 Kreuzfahrerstaaten gehörte.
Das Byzantinische bzw. Oströmische Reich bestand nach dem Zerfall des Weströmischen Reichs noch bis zum Jahr 1453. Es erstreckte sich bis nach Syrien und endete bei der Eroberung Konstantinopels durch die Osmanen. Das Reich der Osmanen bestand von 1299 - 1922 in unterschiedlicher Größe, wobei zahlreiche Feldzüge mit erfolgreichen Eroberungen, aber auch mit Niederlagen, geführt wurden.

Mit dem Ende des 1. Weltkriegs, 1918, begann die Auflösung dieses einstigen Großreichs und britische Truppen machten sich in Palästina breit. Das Land wurde durch die Balfour-Erklärung 1923, zum britischen Mandatsgebiet erklärt. (Arthur James Balfour war damals britischer Außenminister).
21 Jahre später brach der 2. Weltkrieg aus, doch schon zuvor begann die Verfolgung der Juden durch die Nationalsozialisten, mit dem Ziel der „Endlösung". Obwohl dabei ca. 6 Mio. jüdische Menschen ermordet wurden, gelang es nicht, das ganze Volk auszulöschen. Viele lebten ja im Ausland und viele emigrierten noch rechtzeitig (vor 1933) aus Deutschland, nach Frankreich und Portugal, dann aber hauptsächlich nach Amerika.
Nach diesen schrecklichen Ereignissen und dem Ende des Krieges, erwachte in den Juden eine große Hoffnung und Sehnsucht auf Frieden, in einem für sie autonomen Land, mit eigener unabhängiger Verwaltung: Das Land Kanaan, das verheißene Gelobte Land – Israel!
Wahrscheinlich ermutigten sie dazu auch Verheißungen Gottes durch Propheten aus dem AT wie z.B. Jesaja, ca. 720 v. Chr.: „So fürchte dich nun nicht, denn ich bin bei dir. Ich will deinen Samen vom Aufgang her führen und dich vom Niedergang sammeln. Ich will zur Mitternacht sagen: Gib her! und zum Mittag: Halte nicht zurück! Bringe mir meine Söhne aus der Ferne herbei und meine Töchter von den Enden der

Welt." Oder: Ezechiel (Hesekiel): „Denn ich will euch aus den Nationen herausholen und aus allen Ländern sammeln". Es ist erstaunlich, dass diese Prophetien im Jahr 1948 begannen, sich zu erfüllen.

Am 14. Mai desselben Jahres wurde der Staat Israel gegründet und David Ben Gurion proklamierte die Unabhängigkeit des Landes, wie schon oben beschrieben. Am selben Tag erklärten ihnen ihre arabisch-muslimischen Nachbarn (Ägypten, Transjordanien, Syrien, Saudi-Arabien, der Libanon und der Irak) den Krieg und griffen sofort militärisch an. Doch Israel konnte diesen ersten (Palästinakrieg) wie auch die 5 nachfolgenden Kriege für sich entscheiden.

Durch den Zuzug der Juden aus aller Welt wurden viele Siedlungen errichtet, ausgebaut und das ganze Land erfuhr, auch durch Subventionen besonders aus Deutschland und den USA, einen bedeutenden wirtschaftlichen Aufschwung. Doch das Volk Israel fand in seiner neuen Heimat keine Ruhe. Abgesehen von andauernden Übergriffen palästinensischer Kämpfer auf israelische Siedler, wurden auch immer wieder Raketen abgefeuert. Andererseits ging das israelische Militär hart gegen die Terroristen und ihre Helfer aus der Bevölkerung vor. Viele Staaten der Welt reden schon seit Längerem von einer Zwei-Staaten-Lösung, doch niemand weiß, wie das gehen soll.

Zurzeit obliegt die Verwaltung des Gazastreifens, gemäß dem Oslo-Abkommen von 2007, der Hamas (Harakat Al-Muqawama Al-Islamia auf deutsch etwa

Islamische Widerstandsbewegung). Es handelt sich dabei um eine radikal islamistisch militante Organisaton, die zusätzlich zu Gaza das gesamte Westjordanland und Ostjerusalem beansprucht.

Am 7. Oktober 2023 begann die Hamas einen fatalen Raketenangriff auf israelische Ziele. Es geht um die Eroberung Israels, um einen palästinensischen Staat daraus zu machen. Die jüdisch-zionistische „Weltverschwörung" muss vernichtet werden. Es gab grausame Massaker an der Zivilbevölkerung und 240 Juden wurden in Geiselhaft genommen und verschleppt. Daraufhin reagierte Israel mit vehementem Militäreinsatz im Gazastreifen. Heute sind dort 70% aller Wohnhäuser zerstört, tausende Menschen werden vermisst und die Infrastruktur ist völlig zusammengebrochen, wodurch es zu einer humanitären Katastrophe gekommen ist. Trotz internationaler Bemühungen mit Lebensmittel- und Hilfsgüterlieferungen gelingt es nicht, das Problem in den Griff zu bekommen, geschweige denn Frieden zu schaffen.

Israel wird die Hamas schwerlich zerstören können, weil sie über eine enorme Verankerung in der islamisch-palästinensischen Gesellschaft verfügt, mit Rückendeckung der gesamten islamischen Welt. Der Hass auf die Juden bzw. auf Israel sitzt zu tief.

Nach dem Angriff der Hamas war die ganze Welt schockiert über die Brutalität beim Massaker, nur die Muslimen weltweit nicht. Millionen feierten diesen Massenmord ausgelassen durch Freudentänze in den

Städten und verteilten Süßigkeiten an die Passanten. Dies geschah nicht nur in islamischen Staaten, sondern auch verbreitet im Westen, wie z.B. in Berlin. Doch deutsche Politiker wundern sich immer noch, warum der Antijudaismus (Judenhass aus religiösen Gründen) und der Antisemitismus (Judenhass aus rassistischen Gründen) so stark zunehmen.
Eine verlogene und deshalb verfahrene Vogel-Strauß-Politik ist hier unverkennbar!

Weitere Zeichen der Zeit im Heute

Die Zeit ist weit fortgeschritten. Das bezeugen uns die Zeichen der Zeit. Kein Mensch wird die Probleme der Welt, die erschreckend zunehmen, jemals in den Griff bekommen. Es ist nicht so, dass alles wieder gut wird, nach dem alten Muster. Nein, es kommt etwas unvergleichlich Besseres und Schöneres! (Lies 1. Kor. 2, 9). Doch bevor Jesus wiederkommt wird es auch einen starken Abfall vom Glauben geben, der schon längst begonnen hat. „Wenn der Menschensohn wiederkommt, wird er (noch) Glauben finden auf Erden?", sagt er selber bei Lk. 18, 8.

Wir erleben heute eine große Irreführung, gerade auch im „religiösen" Bereich, ein Wirrwarr von Glaubensrichtungen, die alle, so sagt man, gleichberechtigt sind. Von den Großkirchen wird eine Einheitsreligion angestrebt, in der alle Religionen ihren Platz finden sollen. Jesus wird aus dem Zentrum gerückt und das Kreuz abgeschafft, damit sich niemand daran ärgert. Der Glaube an das Erlösungswerk Jesu und die Errettung aus Sünde und Tod durch sein Blut wird dadurch verleugnet, die Sünde verharmlost oder relativiert. Viele Menschen werden auf Abwege geleitet.

Als Zeiger an der Weltenuhr ist uns Israel ein wichtiger Faktor. Gott hat es zerstreut in alle Welt, aber es sollte wieder gesammelt und zurückgeführt werden, ins verheißene Land. Im 5. Buch des Mose lesen wir im Ka-

pitel 30, Vers 3, Folgendes: „Der Herr, dein Gott, wird dein Gefängnis wenden und sich deiner erbarmen und dich wieder sammeln aus allen Völkern, dahin dich der Herr, dein Gott, zerstreut hat. (Vor 2.550 Jahren niedergeschrieben)!
Im Jahr 1948 wurde Israel in seinem ursprünglichen Gebiet neu gegründet und anschließend kamen Juden aus allen Teilen der Erde zurück. Leider entstand dadurch ein Zankapfel für die arabische Welt, die sich einhellig und öffentlich als Feind Israels bekennt.

Höchst interessant ist es, dass die Bibel von einer Form als „Zahlungsmittel", durch ein Malzeichen, spricht: „Es wird veranlasst werden, dass sich alle, die Kleinen und die Großen, die Reichen und die Armen, die Freien und die Knechte, ein Malzeichen an ihre rechte Hand oder an ihre Stirn geben, und dass niemand kaufen oder verkaufen kann, wenn er nicht das Malzeichen an sich trägt" (Offb. 13, 16 und 17).
Heute ist es schon möglich sich einen Chip implantieren zu lassen, ca. so groß wie ein Reiskorn, aber mit gigantischem Potenzial. Er enthält eine 16-stellige Identifikationsnummer, in der alle persönlichen Daten, aber auch Bankverbindungen, Reise- und Warenverkehr gespeichert werden und zudem automatische Öffnung und Schließung von Türen möglich ist. Es wird jedwede Bewegung am Girokonto sowie jeder Ein- oder Verkauf der betreffenden Person festgehalten und dadurch eine totale Überwachung ermöglicht.

Viele sehen darin einen zu begrüßenden technischen Fortschritt, andere warnen vor einer großen Gefahr.
Das Bargeld wird dann überflüssig.
Christine Lagarde, die derzeitige Präsidentin der EZB, ließ im Jahr 2017 vom Internationalen Währungsfond (IWF) eine Studie unter dem Titel „Makroökonomie der Bargeldabschaffung" erstellen. Damit sollen die Regierungen der EU-Länder ihre Bürger unmerklich in eine bargeldlose Welt einführen. Die Computerisierung von Finanzsystemen soll vorangetrieben und Barzahler benachteiligt werden. Ein Aspekt dabei ist auch die Geldentwertung und die Aushändigung aller persönlichen Ersparnisse an Banken, unter staatlicher Kontrolle. Dieser Plan steht im Fokus der EU und wird schrittweise realisiert.
Auch die Regierungsverordnungen zur Coronakrisen-Bewältigung sind Zeichen zunehmender Bevormundung und Überwachung der Bürger.

*„Ich bin der Weinstock und ihr seid die Reben.
Wer in mir bleibt, bringt reiche Frucht."*
(Joh. 15, 5)

Die Entrückung

Wir wollen nicht außer Acht lassen, dass ein Großteil der biblischen Prophetien sich bereits erfüllt hat bzw. vor unseren Augen abläuft. Deshalb wollen wir „fest und unerschütterlich" bleiben und unser Vertrauen und unsere Hoffnung nicht wegwerfen, sondern den Augenblick der Heimholung erwarten. Und wenn wir vorher sterben, gehen wir gewiss auch zu unserem Herrn und werden mit denen, die dann später entrückt werden, in Ewigkeit in der Himmelswelt beisammen sein. Er ist ja schon vorausgegangen, eine Wohnung für uns zu bereiten (Joh. 14, 2).

Dieses Geschehen der „Entrückung" ist besonders für uns heute schwer vorstellbar und deshalb utopisch anmutend - so wie jedes Wunder.
Wir finden im Alten Testament 2 Ereignisse, bei denen Menschen ohne zu sterben, von der Erde zu Gott weggenommen – eben entrückt – wurden. Einmal war es Henoch, von dem es heißt: „Henoch lebte in enger Verbindung mit Gott. Er wurde 365 Jahre alt. Dann war er plötzlich nicht mehr da; denn Gott hatte ihn weggenommen" (1. Mos. 5, 21). Der andere war der Prophet Elia, der, nachdem er sein Prophetenamt seinem Nachfolger Elisa übergeben hatte, in einem „gewaltigen Sturm in den Himmel fuhr" (2. Kön. 2, 9-11).
Im NT wird die Frage erörtert, ob diejenigen, die im

Vertrauen auf ihren Heiland Jesus Christus schon gestorben sind gegenüber denen, die noch auf Erden leben, benachteiligt sein werden, wenn er kommt, um sie zu sich zu nehmen.

Dazu schreibt der Völkerapostel Paulus in seinen Briefen an die Thessalonicher:

„Ich will euch aber, Brüder, nicht in Unwissenheit lassen über die Entschlafenen, damit ihr nicht traurig seid wie die anderen, die keine Hoffnung haben. Denn wenn wir glauben, dass Jesus gestorben und auferstanden ist, so wird Gott auch die Entschlafenen durch Jesus mit ihm führen. Denn das sagen wir euch in einem Wort des Herrn: Wir, die wir leben und bis zum Kommen des Herrn übrig bleiben, werden den Entschlafenen nicht zuvorkommen; denn der Herr selbst wird, wenn der Befehl ergeht und die Stimme des Erzengels und die Posaune Gottes erschallt, vom Himmel herabkommen, und die Toten in Christus werden zuerst auferstehen. Danach werden wir, die wir leben und übrig bleiben, zugleich mit ihnen entrückt werden in Wolken, zur Begegnug mit dem Herrn, in die Luft, und so werden wir bei dem Herrn sein alle Zeit. So tröstet nun einander mit diesen Worten!" (Thess. 4, 13-18).

„Wir bitten euch aber, ihr Brüder, wegen der Wiederkunft unseres Herrn Jesus Christus und unserer Vereinigung mit ihm: Lasst euch nicht so schnell in eurem Verständnis erschüttern oder gar in Schrecken jagen, weder durch einen Geist noch durch ein Wort noch durch einen angeblich von uns stammenden Brief, als wäre der Tag des Christus schon da. Lasst euch von niemand in irgendeiner Weise verführen! Denn es muss unbedingt zuerst der Abfall kommen und der Mensch der Sünde (Antichrist) geoffenbart werden, der Sohn des Verderbens, der sich widersetzt und sich über alles erhebt, was Gott oder Gegenstand der Verehrung heißt, sodass er sich in den Tempel Gottes setzt als ein Gott und sich selbst für Gott ausgibt. Denkt ihr nicht mehr daran, dass ich euch dies sagte, als ich noch bei euch war? Und ihr wisst ja, was jetzt noch zurückhält, damit er geoffenbart werde zu seiner Zeit. Denn das Geheimnis der Gesetzlosigkeit ist schon am Wirken, nur muss der, welcher jetzt zurückhält, erst aus dem Weg sein." (2. Thess. 2, 1-7). Das ist der Heilige Geist, der in der Gemeinde Jesu wohnt, dann aber aus dem Weg ist, wenn die Glaubenden durch die Entrückung von der Erde weggenommen sind.

Weiters lesen wir über eine Verwandlung der Jesusgläubigen bei der Entrückung, im 1. Brief an die Korinther, Kapitel 15, Verse 50-58: „Das aber sage ich, Brüder, dass Fleisch und Blut das Reich Gottes nicht erben können; auch erbt das Verwesliche nicht die Unverweslichkeit. Siehe, ich sage euch ein Geheimnis: Wir werden zwar nicht alle entschlafen, wir werden aber alle verwandelt werden, plötzlich, in einem Augenblick, zur Zeit der letzten Posaune; denn die Posaune wird erschallen, und die Toten werden auferweckt werden unverweslich, und wir werden verwandelt werden. Denn dieses Verwesliche muss Unverweslichkeit anziehen, und dieses Sterbliche muss Unsterblichkeit anziehen. Wenn aber dieses Verwesliche Unverweslichkeit anziehen und dieses Sterbliche Unsterblichkeit anziehen wird, dann wird das Wort erfüllt werden, das geschrieben steht: Der Tod ist verschlungen in Sieg! Tod, wo ist dein Stachel? Totenreich, wo ist dein Sieg? Der Stachel des Todes aber ist die Sünde, die Kraft der Sünde aber ist das Gesetz. Gott aber sei Dank, der uns den Sieg gibt durch unseren Herrn Jesus Christus! Darum, meine geliebten Brüder, seid fest, unerschütterlich, nehmt immer zu in dem Werk des Herrn, weil ihr wisst, dass eure Arbeit nicht vergeblich ist im Herrn!"

Zur Zeit der großen Drangsal, die durch den Antichristen und seine Verbündeten über die Erde und besonders über Gottes Volk hereinbrechen wird (Drangsal Jakobs), werden alle, die jetzt schon und bis dahin zu Jesus gehören, bei ihm sein.

Sie haben in der Gnadenzeit, die dann zu Ende geht, ihr Leben dem Herrn Jesus anvertraut, deshalb wird er sie davor bewahren und rechtzeitig zu sich nehmen. Gleichzeitig werden die, die schon vorher im Glauben an Christus gestorben sind, mit ihnen zusammengeführt in den Himmel (Heaven) und werden für immer bei ihm sein. (Lies 1. Thess. 4, 13-15).

Wie das alles im Detail vor sich gehen wird, können

wir Menschen nicht ergründen, aber kein Wort der Heiligen Schrift ist umsonst geschrieben und jedes einzelne erfüllt sich irgendwann.

Diese Heimholung der Brautgemeinde Jesu ist nicht sein Kommen in Macht und Herrlichkeit, um den Fürsten dieser Welt zu stürzen und das 1.000-jährige Friedensreich aufzurichten. Es ist ein Kommen „auf den Wolken" und es geschieht bevor der Antichrist sein wahres Wesen zeigen und gegen alles, was mit Gott zu tun hat, brutal vorgehen wird. Derzeit beobachten wir ja, dass die Macht der Sünde zunimmt – Streit, Krieg, moralischer Verfall, Chaos. Wenn alle Zeichen auf Verfall und Untergang stehen, wird die übermächtige Gnade Gottes die Seinen in sein ewiges Reich abholen.

Der Antichrist

Viele Menschen im Privaten, in Bereichen des öffentlichen Lebens und der Politik, haben Sehnsucht nach Einheit untereinander. Sie sind davon überzeugt, dass damit viele Probleme gelöst werden können um Frieden zu schaffen, wobei durch Globalisierung und Digitalisierung das Ziel eher zu erreichen wäre.
Seit einigen Jahrzehnten formieren sich namhafte „Peacekeeper" wie UNO, UNESCO, WTO, UNICEF, Rotes Kreuz (seit 1880) und andere, die für eine gemeinsame und bessere Welt eintreten und viel Gutes bewirken - keine Frage. Doch solange man Gott ausblendet, wird es nicht gelingen.

In Realität ist die Welt zerrüttet wie nie zuvor, was durch die zunehmende Globalisierung immer mehr erkennbar wird. Die Unterschiede zwischen Nord und Süd, Ost und West, die Meinungsverschiedenheiten von Befürwortern und Gegnern, von Gemäßigten und Radikalen, werden größer und deutlicher. Der Kampf um die Vormachtstellung, in der Wirtschaft und militärisch, erreicht seinen Höhepunkt, die Probleme nehmen weltweit zu. Indes wird gepredigt von Gemeinschaft, Zusammenhalten, Miteinander und Frieden. Es ist der (vielleicht noch unbewusste) Ruf nach einer globalen Einheitsregierung. Wird sie möglich sein? Ich denke, Ja. Sie wird kommen. Es fehlt nur noch der geeignete „Führer".

Der Jünger und Apostel Johannes, welcher das Johannesevangelium verfasste, schrieb auch das letzte Buch der Bibel, die „Offenbarung Jesu Christi". Gott zeigte ihm in der Verbannung auf der Insel Patmos, was „jetzt ist und was danach geschehen wird". Er sollte alles aufschreiben.

Auf der Erde wird ein Weltherrscher auf den Plan treten, der die zerrüttete Welt in einem kurzen, nie da gewesenen Friedensprozess einen wird. Es wird der letzte Versuch des Menschen sein eine „heile Welt" ohne Gott zu schaffen. Die Wegbereitung dazu ist heute unübersehbar.

Er wird Regent einer weltumspannenden Regierung sein, die alle Bereiche von Politik, Wirtschaft, Kultur und Religion vereinen und dominieren wird. Die Welt wird diese Person bejubeln, bestaunen und als den Messias für alle Menschen verehren und anbeten.

Er wird Friedensverträge mit den Völkern, besonders mit Israel, schließen und damit den „Zankapfel" der Welt beseitigen und so die Wünsche vieler Menschen erfüllen.

Anfänglich wird er als kluger und guter Regent, ja als Problemlöser und Befreier auftreten und seine Bosheit geschickt mit List verdecken, doch nach dreieinhalb Jahren seiner Regierung wird er sein wahres Gesicht zeigen, den Friedensvertrag mit Israel brechen und brutal gegen Gottes Volk vorgehen.

Alles, was mit Jesus und seinem Wort zu tun hat, wird

bei Strafe verboten sein, ebenso alle christlichen Veranstaltungen, wie das heute schon in vielen Ländern der Fall ist.

Die Rede ist hier vom Antichristen (anti: gegen oder anstelle von), der schrecklichsten Gestalt der Endzeit, die alle Bosheit und Rebellion gegen Gott und sein Volk in sich vereinen wird. Er wird alle, die sich ihm widersetzen aus dem Weg räumen. Wenn jemand erkennen wird, dass er dem falschen Messias vertraut hat und sich dem wahren Messias Jesus Christus zuwendet, wird er als Märtyrer sterben müssen, aber doch noch in den Himmel errettet werden.

2. Thess. 2, 9-12: „Hinter dem Auftreten dieses Gesetzlosen steht der Satan mit seiner Kraft, was sich in allen möglichen machtvollen Taten zeigen wird, in Wundern und außergewöhnlichen Geschehnissen - allesamt Ausgeburten der Lüge - in Unrecht und Irreführung aller Art. Damit wird es ihm gelingen, die zu verführen, die ihrem Verderben entgegengehen. Sie gehen verloren, weil sie die Wahrheit, die sie hätte retten können, nicht geliebt, sondern abgelehnt haben. Deshalb schickt Gott ihnen einen Geist der Verblendung, der sie dazu bringt, der Lüge Glauben zu schenken. So kommt es dann, dass im Gericht Gottes alle verurteilt werden, die der Wahrheit nicht geglaubt haben, sondern am Unrecht Gefallen fanden".

Johannes schreibt: „Ich sah, wie aus dem Maul des Drachen (Satan), aus dem Maul des Tieres (Antichrist) und aus dem Maul des falschen Propheten (teuflische Trinität) drei böse Geister herauskamen, die wie Frösche aussahen. Es handelte sich um Dämonen, die Aufsehen erregende Wunder vollbrachten. Sie machten sich zu den Königen der ganzen Erde auf, um sie zusammenzubringen und ihre Armeen in den Kampf zu führen, der am großen Tag Gottes, des allmächtigen Herrschers, stattfinden wird. Jene dämonischen Geister versammelten nun die Könige an dem Ort, der auf Hebräisch Harmagedon heißt" (Offenbarung 16, 13-14 und 16). Wahrscheinlich handelt es sich dabei um die Ebene Megiddo, die ca. 100 km von Jerusalem entfernt liegt und nördlich von einem Hügelland umschlossen wird.

Diese Schlacht, in der Jesus gegen alle gottfeindlichen Mächte siegreich hervorgehen wird, steht in Offenb., Kap. 19, 10-20, (folgend auf Seite 220 und 221).

Doch vorher noch ein mächtiger Zuspruch an alle, die Jesus Christus angehören. 2. Thess. 2, 13 und 14; NGÜ: „Für euch hingegen, vom Herrn geliebte Brüder und Schwestern, können wir Gott immer nur danken, denn ihr gehört zu den Erstgeborenen seiner neuen Schöpfung. Er hat euch dazu erwählt, durch das heiligende Wirken seines Geistes und durch den Glauben an die Wahrheit gerettet zu werden, dazu hat er euch durch das Evangelium berufen".

„Er hat euch dazu berufen, an der Herrlichkeit von Jesus Christus, unserem Herrn, teilzuhaben" (Vers 17).

„Hebt eure Augen auf und seht die Felder an,
sie sind reif zur Ernte."
(Joh. 4,35)

Jesus ist Sieger

Die dem Antichristen gegebene Regierungszeit, von insgesamt sieben Jahren, geht nun zu Ende. Beim Kommen Jesu, sichtbar auf die Erde, wird er ihn besiegen, seiner gerechten Strafe zuführen und die große Drangsal beenden.

Seit fast 2.000 Jahren beten wir in dem Gebet, das Jesus den Seinen (uns) gegeben hat: „Unser Vater im Himmel, geheiligt werde dein Name, dein Reich komme, dein Wille geschehe, wie im Himmel, so auf Erden ...". Abermillionen von bereits „Entschlafenen" haben es gebetet und über eine Mrd. Christen beten es immer wieder. Es geht an die Adresse des allmächtigen Vaters im Himmel und es geht um sein Reich, das er baut. Das Reich des Friedens und der Liebe, alles in allem vollkommen. Doch was wir jetzt noch in der Welt sehen ist genau das Gegenteil davon: Streit, Krieg, Hass, Mord und Zerstörung. Die Welt liegt quasi in schrecklichen Geburtswehen, sie windet sich unter dem zunehmenden Chaos des Widersachers, seiner Anhänger und Helfershelfer.

Jesus sagte: „Das Reich Gottes kommt nicht so, dass man es beobachten könnte, es ist innwendig in euch." (Lk. 17, 20 u. 21). In der weltweiten Gemeinde Jesu, seinem Leib, ist es rund um den Erdkreis schon vorhanden, aber es ist nicht sichtbar. Sichtbar regiert noch der Fürst dieser Welt und er treibt es immer ärger, weil er weiss, dass er nicht mehr viel Zeit hat. Seit Golgatha ist er gerichtet.

Offenb. 19, 11-16: „Nun sah ich, dass der Himmel geöffnet war. Und auf einmal erschien ein weißes Pferd, auf dem jemand saß. Der Reiter heißt „der Treue und Wahrhaftige" und er kommt als gerechter Richter und führt einen gerechten Krieg. Seine Augen glichen lodernden Flammen und auf dem Kopf trug er viele Kronen. Auf seiner Stirn stand ein Name, der nur ihm selbst bekannt ist und der Mantel, in den er gehüllt war, war mit Blut getränkt. Der Reiter hatte noch einen anderen Namen: „Das Wort Gottes". Ihm folgten, auf weißen Pferden reitend und in reines, leuchtend weißes Leinen gekleidet, die Heere des Himmels. Aus dem Mund des Reiters kam ein scharfes Schwert. Mit diesem Schwert wird er den Völkern eine vernichtende Niederlage beibringen; er wird mit eisernem Zepter über sie regieren und sie den furchtbaren Zorn des allmächtigen Gottes erfahren lassen, indem er sie wie reife Trauben in der Kelter zertritt. Auf dem Mantel des Reiters - dort, wo der Mantel die Hüfte bedeckt - stand noch ein weiterer Name: „König aller Könige und Herr aller Herren."
Verse 19 bis 20: „Schließlich sah ich auch das Tier und die Könige der ganzen Erde. Ich sah, wie sie mit ihren Armeen gemeinsam gegen den Reiter auf dem weißen Pferd und gegen sein Heer in den Kampf zogen. Doch das Tier wurde gefangen genommen und mit

ihm der falsche Prophet, der im Auftrag des Tieres all die Aufsehen erregenden Wunder getan und auf diese Weise die Menschen dazu verführt hatte, sich das Malzeichen des Tieres anbringen zu lassen und sein Standbild anzubeten. Beide – das Tier und der falsche Prophet – wurden bei lebendigem Leib in den Feuersee geworfen, der mit brennendem Schwefel gefüllt ist."

Hier wird beschrieben, wie es mit den gottesfeindlichen Mächten zu Ende geht, die mit dem Namen „Babylon, die Mächtige, die Mutter aller Huren" bezeichnet werden. „Babylon" gilt als geheimnisvoll und mystisch, es ist bekannt für Sprachverwirrung und Religionsverirrung. Diese Hure ist das Gegenstück zur Jesusgemeinde, die als „die treue Braut des Lammes" ihrem Heiland nachfolgt. Babylon setzt alles daran, das wahre Christentum zu diffamieren und zu zerstören. Ihr Einfluss ist heute in vielen Breichen deutlich zu erkennen.

Der Antichrist und sein Prophet sind besiegt, jetzt geht es dem Verführer und Diabolos, dem Teufel, an den Kragen: „Nun sah ich einen Engel vom Himmel herabkommen, der den Schlüssel zum Abgrund hatte und eine große Kette in der Hand hielt. Er packte den Drachen, die Schlange der Urzeit, die auch Teufel oder Satan genannt wird, fesselte ihn und warf ihn für tausend Jahre in den Abgrund. Den Eingang zum Abgrund verschloss und versiegelte er, sodass der Satan die Völker nicht mehr verführen konnte, bis die tausend Jahre vorüber waren. Danach - so ist es von Gott bestimmt - wird er nochmals für kurze Zeit freigelassen werden. Dann sah ich Throne und sah, wie denen, die darauf Platz nahmen, die Aufgabe übertragen wurde, Gericht zu halten. Es waren die Seelen derer, die hingerichtet worden waren, weil sie sich zur Botschaft von Jesus bekannt und an Gottes Wort festgehalten hatten; sie hatten das Tier und sein Standbild nicht angebetet und hatten sich das Kennzeichen des Tieres nicht auf der Stirn oder auf der Hand anbringen lassen. Jetzt wurden sie wieder lebendig und regierten tausend Jahre lang zusammen mit Christus. Das ist die erste Auferstehung. Die übrigen Toten wurden nicht zum Leben erweckt, bis die tausend Jahre vorüber waren. Glücklich, wer zu Gottes heiligem Volk gehört und an der ersten Auferstehung teilhat! Über diese Menschen hat der zweite Tod keine Macht; vielmehr werden sie Gott und Christus als Priester dienen und während der tausend Jahre mit Christus regieren. Wenn die tausend Jahre abgelaufen sind, in denen der Satan gefangen gehalten wurde, wird er wieder freigelassen werden. Er wird sich in alle vier Himmelsrichtungen aufmachen, um Gog und Magog, die Völker der ganzen Erde, dazu zu verführen, gemeinsam in den Kampf zu ziehen. Von überallher sah ich ihre Armeen aufmarschieren; sie waren so unzählbar wie der Sand am Meer und überschwemmten die Erde, so weit das Auge reichte. Sie umzingelten die von Gott geliebte Stadt, das Heerlager derer, die zu seinem heiligen Volk gehören. Doch da fiel Feuer vom Himmel und vernichtete sie. Und der Teufel, der sie verführt hatte, wurde in den Feuer- und Schwefelsee geworfen, in dem sich schon das Tier und der falsche Prophet befanden. Dort werden sie Tag und Nacht Qualen erleiden - für immer und ewig" (Offenbarung 20, 1-10; NGÜ).

Das Gericht

Nachdem Satan und seine Helfershelfer ihre gerechte Strafe bekommen haben, erfolgt nun das Gericht über den Rest der Menschheit. Alle Verstorbenen, die nicht an Jesus Christus glaubten und ohne ihn in die Ewigkeit gingen, sei es, dass sie ihn ablehnten oder aber nie das Evangelium hörten, müssen jetzt zum Endgericht vor dem großen weißen Thron erscheinen, das in vollkommen gerechter Weise, von dem Allmächtigen selbst, gehalten wird.

Dazu wurden die Bücher aufgetan und vorgelegt, in denen jeder Gedanke, jedes Wort und jede Tat der Anwesenden, die aus allen Zeitaltern der Menschheitsgeschichte gerufen wurden, festgehalten ist. Dann wurde das Buch des Lebens geöffnet und das Urteil entsprach dem, was jeder Einzelne getan hatte. Wer nicht in diesem Buch eingetragen gefunden wurde, wurde zusammen mit dem Tod und dem Totenreich ebenfalls in den Feuersee geworfen.

Offb. 20, 11-15: „Nun sah ich einen großen weißen Thron, und ich sah den, der auf dem Thron saß. Himmel und Erde flohen vor ihm, weil sie seine Gegenwart nicht ertragen konnten; sie verschwanden, ohne eine Spur zu hinterlassen. Ich sah die Toten vor dem Thron stehen, vom Kleinsten bis zum Größten. Es wurden Bücher aufgeschlagen, in denen stand, was jeder getan hatte, und aufgrund dieser Eintragungen wurden die

Toten gerichtet; jeder empfing das Urteil, das seinen Taten entsprach. Und noch ein anderes Buch wurde geöffnet: das Buch des Lebens. Das Meer gab seine Toten heraus, und auch der Tod und das Totenreich gaben ihre Toten heraus. Bei jedem Einzelnen entsprach das Urteil dem, was er getan hatte. Der Tod und das Totenreich wurden in den Feuersee geworfen; der Feuersee ist der zweite Tod. Und wenn jemand nicht im Buch des Lebens eingetragen war, wurde er ebenfalls in den Feuersee geworfen."

„Danach sah ich einen neuen Himmel und eine neue Erde. Der frühere Himmel und die frühere Erde waren vergangen; auch das Meer gab es nicht mehr. Ich sah die heilige Stadt, das neue Jerusalem, von Gott aus dem Himmel herabkommen, schön wie eine Braut, die sich für ihren Bräutigam geschmückt hat. Und vom Thron her hörte ich eine mächtige Stimme rufen: »Seht, die Wohnung Gottes ist jetzt bei den Menschen! Gott wird in ihrer Mitte wohnen; sie werden sein Volk sein – ein Volk aus vielen Völkern, und er selbst, ihr Gott, wird immer bei ihnen sein. Er wird alle ihre Tränen abwischen. Es wird keinen Tod mehr geben, kein Leid und keine Schmerzen, und es werden keine Angstschreie mehr zu hören sein. Denn was früher war, ist vergangen.« Daraufhin sagte der, der auf dem Thron saß: »Seht, ich mache alles neu.« Und er befahl mir: »Schreibe die Worte auf, die du eben gehört hast! Denn sie sind wahr und zuverlässig." (Offb. 21, 1-5).

Im Himmel ertönt lauter Jubel eines vielstimmigen Chores: „Halleluja! Gepriesen sei unser Gott! Von ihm kommt das Heil, ihm gebührt die Ehre und ihm gehört die Macht! (Offb. 19, 1). Immer wieder erklingt dieser Jubelgesang, wie das Tosen einer mächtigen Brandung und wie gewaltiges Donnerrollen: „Halleluja! Gepriesen sei der Herr! Denn er ist es, der von jetzt an regiert, er unser Gott, der allmächtige Herrscher. Lasst uns jubeln vor Freude und ihm die Ehre geben, denn jetzt wird die Hochzeit des Lammes gefeiert! Seine Braut (die Jesusgemeinde) hat sich für das Fest bereit gemacht. Sie durfte sich in reines, strahlend weißes Leinen kleiden. Der Engel befahl mir, schreibe: Glücklich, wer zum Hochzeitsmahl des Lammes eingeladen ist" (Offb. 19, 6-9).

Lieber Leser, wer du auch sein magst, wenn du jetzt erkennen musst, dass du hier nicht dazugehörst, dann kehr um und vertraue dem Herrn Jesus Christus dein Leben an. Das Gebet auf Seite 230 möchte dir dazu behilflich sein.

Der Apostel Johannes schrieb diese Zukunftsschau, die er durch den Heiligen Geist empfangen hatte, etwa im Jahr 95 n. Chr. nieder. Er verwendet dabei den Imperfekt (Mitvergangenheit), denn er sah (damals), was sich in Zukunft ereignen würde. Wir erkennen dabei manche „Vorschattungen" aus der Vergangenheit sowie Dinge, die sich gegenwärtig ereignen und sich perfekt in die Homogenität der Bibel einfügen. Die noch austehenden Prophetien sind Teil von Gottes Plan und werden sich zu seiner Zeit sukzessive erfüllen. Die geschilderten Szenen auf der Erde wechseln sich ab mit jenen im Himmel, wobei ihre Abfolge nicht chronologisch gereiht ist, sondern es überlagern sich Berichte zeitlich, weshalb manches nicht ganz einfach zu verstehen ist.

Damit du, lieber Leser, eine gute Übersicht über die Ereignisse erhältst, habe ich versucht, die Berichte gemäß meinem Verständnis möglichst anschaulich zu gestalten. Ich hoffe sehr, dass mir das annähernd gut und dem göttlichen Plan entsprechend gelungen ist.

Johannes benützt, der damaligen Zeit gemäße Ausdrücke, so schreibt er z.B. von einem Malzeichen und nicht von einem Chip, auch nicht von Staatspräsidenten, sondern von Königen. Es ist immer die Hermeneutik zu beachten: Das Verstehen von Sinnzusammenhängen aus sich selbst heraus, über die Zeiten hinweg. Der Heilige Geist will uns, was wir anfänglich nicht verstehen, mehr und mehr aufschliessen, wenn wir uns damit befassen und darüber beten.

Dazu ein Ausspruch Mark Twains: „Ich verstehe nicht alles, was die Bibel sagt, aber das macht mir kein Kopfzerbrechen. Kopfzerbrechen bereitet mir, was ich verstehe."

Für diejenigen Leser, die trotz großer Glaubwürdigkeit Gott und sein Wort bezweifeln oder gar ablehnen, möchte ich einen Vergleich anführen: Sollte alles erfunden und das Leben mit dem Tod zu Ende sein, hat der Glaube an Gott und seinen Sohn Jesus Christus keine negativen Konsequenzen. Wenn es aber wahr ist und du den, der dich erlösen wollte ablehnst, hat es verheerende Folgen bis in alle Ewigkeit. Ich würde mich niemals auf eine solche Spekulation einlassen.

Im Bauch ihrer Mutter unterhalten sich Zwillinge. Sagt der eine: „Freust du dich auch schon auf danach, wenn wir hier rauskommen und unsere Mama sehen, die uns geboren hat, wenn wir dann in der Freiheit einer neuen schönen Welt, in der Sonne, mit anderen Kindern spielen werden und am Schoß unserer Mutter sitzen dürfen?" Meint der andere: „Ich glaub, du spinnst! Was heißt hier Mutter oder Mama? Wo soll die denn sein? Und außerdem ‚neue Welt', Sonne und spielen? Ich sehe nirgends was davon. Was du da redest, gibt es nicht, das ist reine Fantasie. Ich glaube nur, was ich sehe!" „Und ich glaub das, was ich hoffe!", sagt der erste.
Die Bibel sagt es so: „Es ist der Glaube eine feste Zuversicht auf das, was man hofft und ein nicht Zweifeln an dem, was man (noch) nicht sieht" (Hebr. 11, 1).

Jemand könnte auch meinen, diese Dinge klingen so fantastisch und bizarr, ich glaube nicht, dass das einmal eintreten wird. Beobachten wir doch nur das Weltgeschehen näher. Wer hätte jemals gedacht, dass ein für das freie Auge nicht sichtbares Ding, die ganze

Menschheit rund um den Globus bedrohen und die Weltwirtschaft drastisch einschränken könnte? Sicher hätte die Mehrheit gesagt, so etwas gibt es nicht, das ist Sience Fiction oder Fantasy.

Wie ist aber die Realität der weltweiten Krisen, im Licht von Gottes Wort und seinem Heilsplan, einzuordnen und zu verstehen?

Ich sehe sie als eine eschatologische Vorschattung auf die sieben letzten Plagen, die noch über die unbußfertige Menschheit kommen werden. Sie sind im 16. Kapitel, der Offenbarung, beschrieben. (Bitte lesen)! Die Menschen werden vor Angst vergehen, aber nicht umkehren und Buße tun. Gott, in seiner Liebe, möchte uns jetzt, wo noch Zeit ist, davor bewahren und ruft durch Zeichen zur Umkehr - vielleicht hören doch etliche (bedonders auch die Verantwortungsträger und Meinungsmacher) seinen Ruf. Jede Krise birgt ja eine Chance in sich. Möge sie doch erkannt und nicht vertan werden! (Siehe meine Geschichte zu Beginn des Kapitels „Die Rettung", Seite 123).

> „Mit unserer Macht ist nichts getan,
> wir sind gar bald verloren.
> Es streit' für uns der rechte Mann,
> den Gott hat selbst erkoren.
> Fragst du, wer er ist?
> Er heißt Jesus Christ!"
> (Nach einem Liedtext Martin Luthers).

Die primäre Frage ist: Gehörst du zu ihm? Dann kannst du jetzt schon mit einstimmen in den grandiosen Jubelchor, wie er im letzten Buch der Bibel beschrieben ist. Nur wird es dann noch schöner sein, denn Gott selbst wird in der Mitte der Erlösten wohnen. „Sie werden ein Volk sein, aus vielen Völkern und er wird alle Tränen abwischen von ihren Augen. Den Tod wird es nicht mehr geben, kein Leid und keine Schmerzen und es werden keine Angstschreie mehr zu hören sein. Denn was früher war, ist vergangen" (Offb. 21, 3-4). Gott macht alles neu!

Wenn du meine Frage mit NEIN beantworten musst, aber doch ein klein wenig Sehnsucht danach hast einstens dabei zu sein, dann mach nicht so weiter wie bisher. Komm zur Lebensquelle, der Herr ruft auch dir zu, wenn er sagt: „Kommt her zu mir alle, die ihr mühselig und beladen seid, ich will euch erquicken!" „Und der Geist und die Braut rufen: Komm! Und wer diesen Ruf hört, soll ebenfalls sagen: Komm! Wer Durst hat, der komme und wer will, der trinke vom Wasser des Lebens umsonst" (Offb. 22, Vers 17).
Der Herr Jesus selber, der sich für die Wahrheit aller dieser Dinge verbürgt, sagt: „Ja, ich komme bald." - Amen. „Ja, komm Herr Jesus!" (Vers 20).

Wenn du zu Jesus kommen willst, dann sag es ihm. Sprich ein einfaches Gebet, vielleicht so:
„Herr Jesus, ich habe erkannt, dass ich dich brauche.

Du bist der einzige Retter aus Sünde und Tod, du hast sie Schuld der ganzen Welt am Kreuz getragen und dabei auch an mich gedacht. Bitte vergib mir, dass ich bisher lau oder ohne dich gelebt habe. Ich vertraue dir jetzt mein Leben an. Bitte, führe mich und verändere mich, wie du es haben willst. Danke, dass du mich annimmst und ich in Ewigkeit zu dir gehören darf. Ich bin jetzt ein Gotteskind. Amen."

Halte dein Bekenntnis zu Jesus in deinem Herzen fest und lass es nie mehr los, was auch kommen mag. Ich gratuliere dir zu deinem neuen Leben!
Lies täglich in der Bibel - am besten mit einer Bibellesehilfe - und bete zu deinem Herrn. Du kannst zum Vater beten oder zu Jesus und der Heilige Geist wird dich führen, dich auch trösten und dir ganz erstaunliche Dinge zeigen, die dein Leben wunderbar bereichern werden. Such dir Freunde, die ebenfalls an Jesus, als ihren Heiland, glauben und pflege Gemeinschaft mit ihnen, in einer bibeltreuen Gemeinde.

> „Jeder Tag ist ein Geschenk Gottes,
> dieser ein besonderes."
> (Helmut Engel)